새똥 줍는 선생님

새똥 줍는 선생님

초판 인쇄 2022년 2월 15일
초판 발행 2022년 2월 20일

엮은이 / 이 정 안
펴낸이 / 박 진 환

펴낸 곳 / 만인사
출판등록 / 1996년 4월 20일 제03-01-306호
주소 / 41960 대구광역시 중구 명륜로 116
전화 / (053)422-0550
팩스 / (053)426-9543
전자우편 / maninsa@hanmail.net
홈페이지 / www.maninsa.co.kr

ISBN 978-89-6349-168-4 03810

값 13,000원

새똥 줍는 선생님

이정안 엮음

만인사

새똥 줍는 마음으로

이른 아침, 어둠이 남아있는 운동장으로 선생님들이
누가 먼저랄 것도 없이 가벼운 인사로 아침맨발걷기에 나선다.
운동장에서 모난 돌멩이도 줍고, 여기저기 흩어져 있는 새똥과
바람에 떨어진 나뭇가지도 줍는다.
복현초등 맨발교사 동아리 '새똥쌤' 선생님들이다.
'새똥쌤'은 2019년부터 자연스레 만들어졌다.
3년간 어김없이 만나다 보니 모두 형제 자매들처럼 친해졌다.
맨발걷기를 학교교육 활동에 도입하면서 학교의 분위기도
확연하게 달라졌다. 2021년 1월부터 코로나 블루가 학교와
아이들을 덮치는 어려운 상황 속에서도 우리학교는 마스크를
낀 채 거리두기를 하면서 전교생이 틈틈이 맨발교육을 실천하였다.
50일, 100일이 쌓이면서 아이들의 생활습관으로 자리를 잡았다.
아이들이 행복한 만큼 교사들의 얼굴에도 자부심이 피어났다.

맨발걷기를 하면서 자연스럽게 아이들과 친해졌고,
선생님들과도 허물없이 지내게 되었다. 그러다 보니 일상의
소소한 일에서 학교일은 물론 가족, 사회 등 서로의 속마음을
자연스럽게 털어놓게 되었다. 그 결과물이 『새똥 줍는 선생님』이다.

이 책은 복현초등학교 24명의 교사들의 시와 산문으로 엮었다.
선생님들의 진솔한 이야기와 아이들을 향한 사랑의 마음이
오롯하게 담겨있다 하겠다.
『새똥 줍는 선생님』을 엮으면서 선생님들과 나누었던 추억이 새롭다.
엄마가 교통사고로 병원에 입원하시면서도 딸들에게 폐가 될까봐
알리지 않았다는 안타까운 소식을 듣고 울었던 기억이 난다.
부부교사로서 정말 열심히 사는 모습의 후배교사의 모습에서
30~40대의 내 모습을 떠올렸다. 운동장을 돌다가 돌아가신
할머니 생각으로 그리움에 잠긴다.
11월의 마지막 날, 복현아이들의 100일상 타는 모습을 표현한
선생님의 마음 또한 감동으로 다가온다.

나는 벌써 교직에서 마지막 선배의 위치에 와 있음에 놀랐다.
후배선생님들 마음이 대견하고 고맙고, 동료로서 같은 운동장에서
함께 학교생활을 했던 새똥쌤들과 대화를 해보려 한다.
『새똥 줍는 선생님』에는 24명 선생님들의 시와 산문으로 진솔하게
풀어내어 코로나19 속에서도 나라를 구했다고 자부할 만큼
학교생활을 열심히 했으니 우리 모두 자랑스럽다.
이 책이 나오기까지 함께 한 김미옥 교감선생님, 3년 동안 새벽
맨발걷기를 함께 해준 배수진 교무부장님과 박이화 선생님,
책을 기품있게 꾸며준 만인사 편집진에게도 감사의 말씀을 드린다.

대구복현초등학교 맨발교사동아리
새똥쌤 이정안

차례

| 책머리에 |

| 프롤로그 |

1_무지개빛 마음

2_어, 선생님! 모자 쓰신다

3_맨발걷기의 즐거움

차
례

6_새똥 줍는 마음

| 프롤로그 |

맨발걷기는 마법이었다

이정안

2019년은 학교특색 '맨발로 교육' 적용기였다

2019년 3월, 복현초등학교 교장으로 전보를 하였다.
대구복현초등학교에서 '맨발로 교육'을 시작하면서 나는 벌써 가슴이 설레인다. 운동장에 맨발로 나오면서 학교 교육에 '맨발로 교육'을 적용하면 초등학생들에게 운동장은 가장 좋아하는 선물이 되리라. 운동장에서 맨발걷기를 하면 아이들이 즐거운 학교, 오고 싶은 학교, 행복한 학교가 되는데 크게 기여를 하리라.

학교 현장에 맨발로 교육을 처음 도입할 때는 어려움도 있었다. 맨발걷기에 대한 이해와 여건이 부족한 상태에서 실시하다 보니 시행착오도 겪게 되었다. 생각하지 못한 난관에 부딪혔지만 하나하나 해결해 나가다 보니 그 극복 과정 자체가 삶의 활력소와 맨발걷기에 대한 믿음이 생겨서 즐거움이 커지게 되었다.

먼저 교육공동체가 함께 하는 체인지 up 프로젝트 기반 조성이었다. 맨발놀이, 텃밭 가꾸기, 식생활 개선 등 자연 친화적인 프로그램으로 힐링 분위기를 만들었고, 실천 중심 체육 교육

기반을 마련하였다. 학년별로 '빨·주·노·초·파·남' 무지개 빛깔 티셔츠를 입고 시작한 맨발걷기는 금방 아이들의 마음을 사로잡았다. 신발을 벗어던지고 운동장을 뛰어다니는 아이들의 모습에서 맨발걷기는 여섯 색깔의 무지개로 피어 올랐다.
처음의 1년, 다음 2년째 함께 7560+ 맨발걷기 티셔츠를 입고 1000명의 아이들이 함께 맨발걷기를 해준 아이들과 선생님들이 마냥 대견하고 고맙다.

2020년은 '맨발로 교육' 정착기였다

2020년은 정착기로 학년별 학생 발달 단계에 맞는 프로그램과 인성교육이 지속적으로 이루어지도록 교육과정을 재구성하였다. 더구나 코로나 팬데믹19 시대에는 더욱 운동장에서 수업이 활기차고 즐거운 수업이 되었다고나 할까?
맨발로 교육을 아이들이 마법에 걸린 것처럼 좋아하였다.
코로나19 팬데믹 시기에 아이들의 신체가 많이 자랐지만 넘어지고 다치는 아이들이 많아서 운동이 절실하던 때였다.
맨발놀이 수업은 가장 쉽고 재미있는 놀이학습이다. 교육과정을 선택과 집중으로 운영할 수 있고, 짧은 기간에도 아이들의 인성교육까지 할 수 있어 일석 삼조의 효과가 있다.

코로나19 뉴스에 세상은 아주 급박하게 돌아가고 있었다.
온 세상을 공포로 몰아 가고, 종일 앵앵거리며 거리를 질주하는 119 구급차들, 사망자가 몇 백 명씩 생기는 다른 나라의 뉴스!
대구도 예외없이 코로나19 팬데믹으로 초토화되었다.
개학을 앞둔 2월도 최악의 학교 상태가 되었고, 모든 것들이 캄캄한 터널 속으로 들어가면서 교직원, 학부모 모두가 무서운 바이러스로 공포와 불안감에 휩싸였다.

3월이 되어서도 입학과 학교생활이 시작되지 못하고, 교육부와 대구광역시교육청에서 신학기 개학과 입학을 미룬다는 발표가 났다. 봄이 되면 설레이게 맞아하는 새학년 입학생과 새출발은 꿈도 꾸지 못한 채 3월이 지나고 4월에도 힘들고 급박하게 지나갔다.
아이들도 무럭무럭 힘차게 자라는 모습으로 학교생활을 하고 있을텐데 여전히 캄캄한 터널 속에서 무섭고 힘들었다.
그렇게 계절의 여왕인 5월을 맞고 보내었다.
드디어 2020년 개학날이 6월 9일로 결정되었다.
처음 겪어보는 코로나19 팬데믹 시대에 150여 일 이상을 학생들이 집에서 지내다가 6월 9일 발표가 나면서 다시 학교는 개학준비로 활기가 조금씩 생기고, 아이들 맞을 준비로 분주하게 움직였다.

6월 9일, 첫 입학식과 시업식하다

드디어 2020년 6월 9일 1학년 입학식과 시업식!
선생님 얼굴도 잘 모르는 채 마스크를 쓰고 교실로 들어가서 방송으로 입학식이 시작되었다. 팬데믹 학사 운영으로 2020년도에 입학한 아이들의 학교생활이 시작되었다.
학교수업은 이틀에 한번, 3일에 한번 학교 등교수업과 가정에서 하는 원격수업의 다양한 형태로 학교생활이 되었다.
단계에 따라 등교수업과 원격수업이 교대로 실시되었지만 아이들은 안정되지 못하고 어수선하며 웃음기 없는 학교 생활과 가정 생활이 이어졌다.
2학년부터 6학년의 경우 하루는 등교수업, 이틀은 원격수업 형태로 이어 갈 수 있었다. 그러나 1학년이 문제였다.

1학년 아이들의 기본생활, 식생활, 학교생활, 가정생활이 안정되지 않는 상황이 계속되었다.
다시 20여 일간의 짧은 여름방학을 하게 되었다.

코로나19 팬데믹으로 1학년은 늦은 입학을 하였지만
2학년, 3학년, 4학년 언니 오빠들의 모습을 보면서 자연스럽게
학교생활을 익혀 나갔다. 따사로운 햇볕을 받으며 맨발로 운동장을
걷는 것은 코로나19로 약해진 학생들의 체력과 면역력을 키우는데
크게 도움이 되었다. 맨발걷기는 뇌를 깨우는 효과가
뛰어나기에 학습능력이 크게 향상되는 모습을 보였다.
드넓은 운동장에 나와 맨발로 걷고, 뛰어노는 아이들의 행복한
웃음은 우리 복현초등학교의 자랑거리가 되었으며
아이들은 비로소 행복한 웃음을 찾아가고 있었다.

선생님들이 빨강색 티셔츠를 입은 1학년 아이들을
조심조심 운동장으로 데리고 나왔다. 운동장에서
1학년 적응기 공부를 하고 있었고, 2학기부터는 1학년의
향상된 모습을 보여 주었다.
9월에는 주황색 옷은 입는 2학년 전체 아이들과 선생님,
노랑색 옷을 입은 3학년 전체 아이들과 선생님들이
매일매일 운동장으로 나와 맨발걷기를 하였다.
교육과정을 재구성하여 하루는 아침 창체 시간, 하루는 즐거운
생활시간, 하루는 슬기로운 등 운동장에 나오는 반들이 늘어나기
시작하면서 자연스럽게 1학년 아이들도 덩달아 운동장 수업을
좋아하게 되었다.

2021년은 '맨발로 교육' 심화기였다

코로나19 비대면 사회 속에서 체인지 up 프로젝트에 기반한 수업 문화 정착을 지속적으로 실천하는 일이었다. 마스크를 낀 채 무표정한 아이들에게 어떻게 하면 웃음을 돌려줄 수 있을까 하는 데 '맨발로 교육'의 방점을 두었다. 자연스럽게 복현초 아이들은 마스크 쓴 맨발걷기를 하면서 코로나19로 우울한 기분도 극복하였다.

"진리는 단순하고 실력은 꾸준함에서 나온다. 작고 단순한 것도 꾸준히 하는 사람이 행복을 잡는다."는 맨발학교 교훈처럼 맨발걷기 수업은 가장 쉽고 재미있는 놀이학습이다. 맨발걷기는 신기하게도 처음 시작하는 날 신발을 벗는 용기만 있으면 하면 할수록 더 끌리는 운동이라는 사실을 깨닫는 데는 그렇게 오래 걸리지 않는다. 100일을 지나 6개월 정도만 실천하면 몸이 금방 알아차린다.

맨발걷기를 1년 이상 실천한 선생님들의 공통적인 경험 사례이다. 몸의 리듬이 평온하면 40분 맨발걷기, 몸의 컨디션이 힘들면 80분 맨발걷기, 몸의 상태가 감기나 몸살이 올 정도로 힘들면 120분 맨발걷기를 하면 마치 감기약을 먹은 것처럼 몸살 기운이 없어진다. 코로나19 팬데믹 시대에 맨발걷기는 매일 접하는 가장 손 쉬운 자연백신이라 할 수 있다. 코로나19가 학교와 아이들을 덮치는 상황에서도 우리학교는 마스크를 낀 채 거리두기하면서 매일 맨발교육을 실천할 수 있었고, 50일, 100일이 쌓이면서 아이들의 생활습관으로 정착되었다.

아이들이 행복한 만큼 교사들의 얼굴에도 자부심이 피어났다. 운동장에는 예쁜 맨발걷기 수업을 자랑하는 즐거운 표정의 아이들로 가득 차게 되었다.
아침에도, 중간 놀이시간에도, 정규수업이 끝난 오후에도 선생님들은 아이들과 함께 나온다.
어느 선생님은 모래놀이터에서 담소를 나누고, 어느 선생님은 운동장 나무를 벽 삼아 잡기놀이를 하고, 어느 선생님은 맨발로 이어달리기를 한다.

"시온아, 달팽이놀이하러 가자."
"가위바위보, 보, 보!"
"야, 이겼다, 나 잡아봐~"
맨발로 달리고 잡고 잡히면서 넘어져도 툭툭 털고 일어나는 씩씩한 아이들이 선생님들과 함께 즐겁고 행복한 운동장 수업을 만들어 가고 있었다.
어릴 때 먹던 솜사탕만큼이나 맨발걷기를 좋아해준 아이들!
이제 복현초등학교의 '맨발로 교육'은 체력·인성·지력을 한꺼번에 기를 수 있는 명품 교육활동으로 자리잡았다.

행복한 학교가 되었어요!

배움놀이 중심에 맨발놀이 교육 시간을 하루에 한 시간 꼭 넣어 아이들이 운동장 수업 시간을 기다리게 되었다.
그때부터 복현초는 행복한 학교로 변하기 시작하였다.
첫째, 교육과정-수업-평가-기록 일체화를 위한 설계 및 실천 운영
둘째, 수업 성장의 날 운영
셋째, 문성초와의 학교 간 클러스터 운영

넷째, 인성, 맨발놀이 활동 강화를 위한 활동을 계획하여 운영하였다. 학생 주도수업은 학생이 자신의 학습을 스스로 설계하고 활동하는 학생 주도 역량 함양을 위한 것이다.
복현초등 '운동장 활용 수업'을 하루에 한번 이상 맨발걷기를 해준 선생님들이 그저 고마울 뿐이다.
복현초등학교 '맨발로 교육'은 팬데믹시대임에도 행복한 학교생활을 하는데 큰 기여를 하였다. 이 행복 바이러스 마법을 아이들에게 계속 선물해 주고 싶다.

맨발걷기 학교 중점 특색교육 3년, 어린 학생들과 운동장에서 뒹굴며 보낸 맨발걷기에 대한 경험을 책으로 펴내려고 조심스럽게 권유했더니 뜻밖에도 많은 선생님들이 참여하셨다.
맨발걷기를 교육 현장에 접목시키고 지속적으로 실천하면서 느낀 감동을 소개하는 데 의미를 두었다
여러 선생님들의 맨발로 교육 사례들이 학교문화에 정착되어 아이들이 행복한 맨발걷기 교육을 하는데 참고가 되었으면 하는 기대를 가져본다.

1

무지개빛 마음

오늘 그리고 내일

배수진

오늘 아무리 힘든 일이 있다해도
쉴 수 있는 내일이 있고

오늘 아무리 큰 걱정이 있다해도
해결할 수 있는 내일이 있다.

오늘 조금 바쁘면 내일은 조금 덜 바쁘고
오늘 조금 힘들면 내일은 조금 덜 힘들어진다.

오늘이 있어 내일을 준비하고
내일이 있어 내 삶은 여유로워진다.

내게 주어진 오늘을 마음껏 누리며
내게 허락된 내일을 행복으로 채운다.

아이의 눈동자

배은영

어릴 적 아이를 품에 안으면서
가만히 아이의 눈을 들여다보곤 했다.
아이의 눈을 고요히
한참을 바라보고 있으면
그 눈동자는 눈물이 날 만큼 아름다웠다.

티끌 하나 없는 순수한 깨끗함
끝없이 깊은 호수 같은 아름다움
이슬 같은 영롱함

아이의 눈을 바라보면서 나는 생각한다.
이 세상에서 가장 아름다운 보석이
어린 아이의 눈동자 일 것이라고.

시간은 어찌나 빨리 지나가는지
우리 아이들은 어느새 훌쩍 자라서
첫째는 어느새 나와 눈높이가 비슷해지려 한다.
다 커버린 아이의 눈동자는

가만히 들여다보기 힘들다.

여전히 아이의 눈빛은 생명의 활력으로 반짝이지만
가끔씩 고요히 바라보던 그 아름다운 눈동자가 그립다.
그리고 그 어린 아가가 그리울 때면
고요히 잠든 아이의 모습을 한참 바라본다.

고요히 잠든 다 큰 아이의 얼굴 속에는
여전히 아기의 얼굴이 담겨 있다.

무지개빛 마음

김소연

따스한 햇살 비추는
방 한 구석에
조용히 자리잡아
물끄러미 바라보는 시선이
내 얼굴을 간질인다

닿아오는 눈길에
고개를 돌려
눈을 마주하면
따뜻한 햇빛이
무지개빛 갈래가 되어
하얀 내 강아지를 덮고 있다

빨강, 주황, 노랑, 파랑
색색이 물든
모습에
행복해지는 마음

오늘도 너는
내 마음을
무지개빛으로 물들인다.

세상에서 가장 좋은 일

김연정

잠 자는 일
밥 먹는 일
노는 일
세상에서 가장 쉬운 일
하지만 그 쉬운 일도 쉬운 게 아님을……

누군가는 잠 못 드는 밤
누군가는 밥 못 먹는 낮
누군가는 놀지 못하는 날

나에게 쉬운 일도
남에게 쉬운 일도
우리들 모두에게 쉬운 일이 아님을……

쉬운 일보다도
편한 일보다도
무엇보다도
가장 좋은 일을 하고 싶다.

그 일이 무엇이든 간에
함께 함으로써 좋은 일
세상에서 가장 좋은 일을 하고 싶다.

카톡방 초대

이정안

추운 늦가을
비만 주룩주룩!
날씨가 왜 이래!

마을도 돌아보고
음식물 쓰레기도 버려보고
설거지도 해본다.

사소한 오해로
카톡을 빠져나가 버린
그녀가 자꾸만 생각난다.

다시 한번 용기 내어
그녀가 사는 동네로 가볼까?

투벅투벅! 터덜터덜!
지나가는 길고양이만 따라가 본다.
양이랑 친하고 싶은데
자꾸만 양이를 살핀다.

보고 싶은 걸까?
보고 싶지 않은 걸까?

카톡방 초대나
전화도 할 수 없는 용기란!
밴댕이 속보다 좁다니.
자꾸만 자꾸만 생각이
천 갈래 만 갈래!

보고 싶은 그녀
먼저 다가갈 용기란!
언제쯤 그 언제쯤
카톡방에 초대할 수 있는 용기란!

그 언제쯤
아아~악
그 언제쯤!

그래 일어나야지

김경미

헛헛한 마음이 아프다고
외마디 비명을 지르지만
가슴 속 깊은 곳에서 흘러가겠지 한다.

한 바가지 뒤집어쓴 외침이
삐죽이 고개를 또 들지만
가슴 속 깊은 곳에서는
그냥 그렇게 가는 거야 한다.
세월 속에 묻혀 가겠지.

마음을 어루만지는 외침이
가슴 속에서 전율을 타고 흐른다.

머리가 찡하는 깨우침의 소리가
가슴 속에서 깊이깊이 울린다.
세월 따라 묻혀 가겠지.

폭포수 아래서 하늘을 보면서

다시 마음 추스리며
괜찮아, 괜찮아 하겠지.

얼음덩이가 마음을 후벼파도
가슴 찡한 그 햇살 선율이 되어
괜찮아, 잘 살고 있어
그래 일어나야지.

찬물로 나를 깨우다

신연숙

퍽, 촤악
내 머리에
찬물 한 바가지 뒤집어썼다.

정신 차려 이 바보야
도대체 넌 누굴 위해 사는 거니?

오늘이 바로 네가 다시 태어난 날
눈이 뜨이고 귀가 열렸으니

세상사 모든 일 내려놓고
빛나는 보석처럼
멋진 삶을 위하여
나를 가꾸자.

가을

마은숙

갑자기 추워져 가을이구나
가을 없이 겨울이 오려나 보다

두꺼운 겨울옷 꺼내
겹겹이 입어도
따뜻해지지 않는 것은

가을이라는 계절의 오묘한 향수를
조금이나마 더 느끼고 싶은
나의 낭만적인 감성 때문이리라.

오늘은 차 한 모금 마시며
막바지 가을 햇살 즐겨야겠다.

그리움

김애란

오늘은 문득 당신이 그립습니다.
오랫동안 잊고 살았습니다.
부르지 못한 이름입니다.

빛바랜 사진 속 당신은
언제나 같은 모습으로
나를 보고 웃고 있습니다.
어느새 내 나이 당신을 훌쩍 넘어섰습니다.

그때는 몰랐습니다.
얼마나 사랑하는지 알지 못했습니다.
삶의 무게도 생각하지 못했습니다.
다정하게 대하지 못했습니다.

이제야 말합니다.
진심으로 감사하고 사랑했습니다.
아버지!

기록

구영환

기록을 통해
내 기억을
더듬어 본다.

행복했던
기뻤던
슬펐던
힘들었던
내 기억

어느 누구도 모를
기억을 기록하며
나를 다독인다.

걸은 뒤
발자국이 남듯
내 뒤를 돌아본다.

이왕 잘못 살았으면

김미옥

나는 살아왔다.
힘들지만 힘내어서
멈추지 않고 살아왔다.

손가락질 받기도
부정 당하기도
나를 나 아니라고 하는 소리에
흔들리기도 하며
애처로운 나는
외치고 있다.
더 크게 외치고 싶다.

이왕 잘못 살았다고 한 대도
나는 나를 버리지 못한다.
나는 나를 미워하지 못한다.

많은 시간이 잘못 흐르고
또 그럴 수 밖 에 없을 지도 모른다.

오늘도 하늘은 푸르고
땅에는 모든 것이 함께 한다.
가슴 한 쪽 시퍼런 멍을 숨기고
그 속에 함께 있다.

삶이 그런 것일까?
반평생 살고도 여전히 정답을 모른다.
그리고 아무도 알려주지 않는다.
독백은 계속된다.

어떤 인생

김화정

여기 나 좀 보아요
내가 이야기 하나 해줄까
딸년이 날 보지 않겠대

모진 매질에 못 견뎌
그 애비한테서 도망친 내가
이를 악물고 키워
공무원 사위 골라 시집 보냈는데

아빠 없이 자란 년
욕 듣지 않게 하려
시집 가는 날
상자에 과일
상자에 떡
상자에 고기

그런 내 딸이
내가 보기 싫어

생일에도 오기 싫대

우리 엄만
내가 열 살에
돈 벌어 오겠다고 떠나서
젊은 남자와 동생과
내 월급을 뺏어갔어
학교 대신 공장
열 셋부터 다닌 그 공장

어둔 골목에 내가 나오면
골목이 훤했다는
예쁜 소녀 아름다운 처녀
그게 바로 나였거든

우리 엄만 어떻게
그 예쁜 날 두고 떠났을까
그 작은 손으로 번 돈을 뺏어갔을까

그래도 난 우리 엄마
보고 싶었는데
내가 보고 싶지 않은 내 딸이
나는 보고 싶은데

시와 시인

장선희

잠이 오지 않는 밤
누군가의 시를 읽는다.

누군가의 이야기로
나의 밤은 한없이 먹먹해지고

누군가의 이야기로
나의 밤은 온통 따뜻해진다.

시인은 마음속 이야기를
시 속에 숨겨둔다.

시를 읽는 그대
그대는 시인이다.
어느 시인의 말에 용기를 얻는다.

누군가의 시로
마음 요동치는

오늘 밤
내 마음속 이야기를
나는 들어주고 싶다.

2

어, 선생님 모자 쓰신다

맨발걷기, 너무 좋았어요!

장선희

새로 전입해온 학교,
맨 처음 학교 입구에서 '맨발걷기' 현수막을 보는 순간
건강한 아이들의 모습이 떠올랐고,
아이들은 예상대로라 너무나 감사했다.
담임으로 맡은 6학년 아이들, 뭐든 좀 귀찮아할 나이이지만
맨발걷기하러 가자고 하면 행복한 얼굴로 따라나서는
아이들이 더 많았다. 아이들은 맨발로 걷는다는 것에
별 거부감 없이 운동장 모래 위를 뛰어 다닌다.
사뿐사뿐 걸으며 친구들과 수다 떨며 행복하게 걸어다녔다.
교실에 앉아 있을 때보다 아이들의 표정도 더 싱그러워 보이고
맨발걷기 후 아이들은 잠이 깬 것처럼 활기차 보였다.
학년별로 맞춰 입은 맨발걷기 티셔츠가
무지개처럼 운동장을 돌고 있는 것을 보면
코로나19가 얼른 끝나서 함께 어깨동무도 하고, 손도 잡고
더 신나게 맨발걷기를 할 수 있었으면 싶다.

어, 선생님! 모자 쓰신다

강경미

"어, 선생님! 모자 쓰신다."
이 말은 올해 우리 반 친구들이 한 말 가운데
내가 좋아하는 말이다.
코로나19의 확산 상황에 따라 그날 그날 맨발걷기를 할 수 있는지가 달라진다. 또 운동장에 여러 반이 나가면 다른 반과 겹칠 수도 있다.
맨발걷기 한번 하려고 하면 고려해야 할 상황이 많다.
그래서 '아침 시간에 걷자, 점심시간에 걷자.' 시간 약속을 할 수가 없다. 맨발을 걸을 수 있는 상황이 되면 나도 모르게 모자를 먼저 썼나보다.
선생님의 작은 움직임에 관심을 가져준 고마운 우리 반 친구들의 마음이 담겨 있는 말이 아닌가. 간절히 맨발걷기를 하고 싶은 아이들이 언제 맨발걷기 나가는지 유심히 관찰한 결과인가. 맨발걷기에 대한 우리 반 친구들의 바람이 담긴 말일 수도 있겠다. 어떤 의미여도 좋다.
아이들의 사랑과 즐거움이 담겨 있으면 그것으로 감사하다.
나는 우리 반 아이들이 맨발걷기를 해도 좋고, 신발을 신고 걸어도 괜찮다고 했다.

나는 좋은 것일지라도 억지로 하길 바라지 않는다.
학생 개인의 자유의지에 의한 선택을 경험하게 하고 싶기 때문이다. 맨발걷기에 열심히 참여한 친구들은,
"이제는 신발걷기는 뭔지 밋밋한 거 같아요. 맨발걷기가 좋아요."라고 이야기하곤 한다.
맨발걷기를 실천하며 우리 반 친구들과 함께 쌓은 추억도 많다.
아이들과 맨발로 텃밭에 채소를 심어 열매를 수확해 보고,
잎의 생김새도 관찰했다.
맨발로 전통놀이도 하고 경도 놀이도 했다.
맨발로 체육수업도 하고 운동장에 물그림 그리기 놀이도 했다.
특히 비온 뒤 맨발을 함께 걸었던 기억은 오래 남을 것 같다.
발가락 사이로 삐져나오는 흙의 부드러우면서도 간지러운 느낌이 나에게도, 우리 반 친구들에게도 좋은 기억으로 남아있기 때문이다.
맨발걷기는 나와 우리 반 친구들을 하나로 묶어준 사랑의 끈이다.
고마운 시간이다.

"개미도 맨발걷기를 하나 봐요."
"수중도시를 걷는 거 같아요."
"발이 시원해요."
"흙이 까슬까슬해요"
"흙이 말랑말랑해요."

나는 이런 느낌과 말들이 그냥 좋다.

맨발걷기 언제 가요?

박이화

"어? 일찍 왔네? 어서와~"
"선생님, 오늘 맨발 걸으러 언제 나가요?"
아이들이 처음 보자마자 가장 먼저 하는 말이다.
'후훗 녀석들……'

2학년 아이답게 지랑내랑 묻고 답하기를 우리 반 학생 수만큼
해야 끝나는 질문이다. 그래서 내 편하자고 꾀를 생각했다.
"얘들아, 이제부터 우리 반은 무조건 9시에 맨발한다!"
이렇게 해도 끝나지 않는 질문. 으윽…….
"언제 나가요?"
"옷 입을까요?"
"먼저 나가도 돼요?"

이제는 꽤나 이력이 났다. 맨발걷기를 시작하고부터
한 손가락에 꼽을 정도만 못나가고 정말 매일 운동장으로
맨발하러 나갔다.

"와아!~~"

우르르 쏟아지는 아이들의 함성과 함께 시작되는 맨발걷기.

"발바닥이 간지러워요."
"땅이 안마해주는 것 같아요."
"시원해서 좋아요."
"발이 뜨거워요."
"따끔거려요."
"물 웅덩이를 만나면 차박차박 바다가 생각나요." 등
저마다 한 마디씩 내뱉는다.

날이 따스하면 따스한대로 좋고,
비오는 날이면 더 좋고,
궂은 날이면 그래도 좋고,
뜨거운 햇살이 내리 쬘 때면 그늘 찾아 걸어도 좋다.
운동장과 함께 아이들이 정말 많이 성장했다.
친구들과 어울려 노는 법을 배우고,
운동장 식물들과 사계절을 배우고,
곤충과 친구가 되기도 하고,

무엇보다 교장선생님과 아이들의 눈맞춤이 운동장에서
시작되어 친구처럼 속내를 털어놓고 하루를 즐겁고
행복하게 시작한다.

2학년 6반,
끝까지 화이팅!!

노란 병아리들의 행복

마은숙

노란 병아리가 올망졸망 떼를 지어 운동장을 걷고 있다. 3학년 맨발걷기 노란 티셔츠를 입고 쉴 새 없이 재잘거리며 걷고 있는 복현초 3-4반 꾸러기들이다. 3월부터 시작된 맨발걷기가 이제 10월이니 봄, 여름, 가을 세 계절을 거치면서 개나리, 장미, 은행잎까지 운동장의 변화와 함께하고 있다.

맨발걷기를 할 때 아이들이 가장 좋아하는 자리는 담임선생인 내 옆자리이다. 양옆으로 둘 뿐이니 한 친구가 말을 멈추면, 다음 친구가 얼른 그 자리를 꿰찬다. 누구라도 말을 더할라치면 금방 다른 친구들의 원성이 쏟아진다. "야! 너는 애기했잖아. 내가 말할 차례야!" 집에서 있었던 일, 엄마에게 혼났던 일, 수업 시간에 궁금했던 것, 친구와 싸운 일 등 하고 싶은 말과 궁금한 것은 어찌나 많은지 끝이 없다. 담임으로서 내가 하는 일은 골고루 말할 기회를 주고 잘 들어주는 것뿐이지만 아이들은 정말 행복해한다.

날이 좋으면 날이 좋아서, 비가 오면 비가 와서, 더운 날은 그늘로, 요즘처럼 쌀쌀한 날은 햇살 따뜻한 운동장으로 나가자며 온갖 이유로 나를 조른다.
함께 걷는 맨발걷기로 아이들과 한결 가까워진 나는 친구 같은 선생님이 될 수 있었고, 아이들 인성교육은 덤으로 따라왔다.

맨발걷기로 행복한 3-4반 노란 병아리들, 사랑합니다!

인기스타가 되어

배은영

"우와! 이런 느낌은 처음이다."
"물컹물컹 말랑말랑한 진흙 위에 발 비비는 거 정말 재미있어!"
"여기 밟아봐. 정말 부드러워."

우리 반 아이들과 처음으로 비오는 날 우산 쓰고 맨발걷기를 시도했을 때 나는 난생 처음 느껴보는 묘한 몸의 감각에 설렘과 기쁨의 전율이 올라왔다. 마치 마음껏 어지럽히고 장난치던 어린 꼬마시절로 돌아간 느낌이라고 할까. 자유로워진 느낌이랄까. 물에 젖은 모래에서 하는 맨발걷기는 그 효과가 배로 좋다는 이야기를 전해들은 지라 맨발걷기하는 것이 더 신명이 났다. 그리고 그 날 봄비 속에서 우산을 쓰고 진흙탕 운동장을 함께 밟았던 시간들은 아이들과 나 사이에 소중한 작은 추억으로 남았다. 다른 해에는 없었던 특별한 경험으로…….

이정안 교장선생님께서 복현초에 부임하시고 '맨발걷기'라는 것을 처음 알게 되었다. 익숙하지 않아 별로 끌리지 않은 것도 사실이었다. 하지만 권택환 교수님의 맨발걷기 연수를 들으면서 이거 참 괜찮다!라는 관심이 생겼고, 연수 후에 교장선생님을 찾아가 바로 몇 가지 질문도 드렸다. 내가 추구하는 교육철학의 방향과 맨발걷기가 일치한다는 느낌을 받아서이다. 한 마디의 질문을 하면 열정과 에너지로 많은 말씀을 해주시는 교장선생님과의 대화에서 '아! 교장선생님은 정말 이 맨발걷기를 사랑하고 계시는구나. 이 좋은 것을 우리 학생들과 우리 교사들과 함께 공유하고 싶으시구나.'하는 것을 느낄 수 있었다.

그렇게 그 해 3월부터 매일같이 운동장에 맨발걷기를 하러 나갔다. 아이들은 저마다의 속도로 재잘거리며 까르르 웃어대며 걸었다. 그리고 맨발걷기만 하러 나가면 나는 인기스타가 되었는데 아이들이 담임 선생님과 함께 걸으려고 몰려들었기 때문이다. 아이들은 담임선생님과 손잡고 걷는 것을 참 좋아했다. 학교에서 이렇게 아이들과 자유롭게 걸으며 행복하게 웃을 수 있다니 맨발걷기가 아니면 이런 따뜻한 사제동행의 시간을 가질 수 있었을까 하는 생각이 든다. 그리고 우리학교가 맨발걷기하는 학교라는 사실이 행운이라고 느껴졌다.

우리학교의 맨발 이야기를 우리 딸과 아들에게도 종종 들려주곤 했다. 가족이 함께 바다로 놀러갈 때면 우리 아이는 "엄마 모래사장에서 맨발걷기 하자! 물에 젖은 모래가 그렇게 좋다면서?"라고 먼저 말한다.
그리고 모래 속으로 한발 한발 내딛으면서 바다 모래의 감각을 느낀다. 예전에는 그냥 내딛었던 발걸음인데 이제는 이 걸음들이 나를 더 건강하게 만들어주겠지? 몸 속 정전기가 잘 빠져나가고 있겠지? 하는 생각에 바닷가를 걷는 발걸음이 더 활기차다.

맨발걷기는 '지덕체'를 깨운다. 걸으면서 발에 자극이 가면 두뇌가 깨어나고 두뇌가 깨어나야 배움(知)이 잘 일어난다. 함께 걸으면서 친구와 이야기를 나누며 교우관계도 다지고 학원과 공부 스트레스에 치인 아이들에게 마음(德)의 여유도 선사한다. 그리고 맨발걷기는 몸(體)의 건강에 더할 나위 없이 좋다. 교육활동에 있어 이보다 더 좋은 활동이 있을까?
나는 복현초 뿐 아니라 다른 학교에서도 맨발걷기가 널리널리 퍼졌으면 한다. 어떤 곳 어떤 장소에서도 맨발로 걷는 것이 자연스러워지기를 꿈꾼다. 그리고 맨발걷기 학교인 복현초에 근무하는 것이 참 행복하다.

나는 운동장이 좋다

소정미

1. 그래서 운동장이 좋아졌다

처음에는 운동장이 싫었다.
운동장은 아이들이 다치는 곳, 싸우는 곳. 그래서 위험한 곳인 까닭이었다.

"선생님 똘이가 철봉에서 떨어졌어요."
"선생님 별이가 운동장에서 욕했어요."
"선생님 콩이가 운동장에서 싸워요."
누군가 달려와 '운동장에서'라는 말만 꺼내도 가슴이 쿵쾅쿵쾅 뛰었다. 아이가 괜찮은지 확인하러 운동장으로 달려가는 그 짧은 시간이 악몽 같았다.

처음에는 체육 시간 말고는 운동장에 절대로 못간다고 했다.
"왜요? 왜? 왜 못나가요?" 아이들이 아우성을 내었다.
"위험해서 안돼."
"안다칠게요. 안싸울게요. 선생님 운동장에 가면 안돼요?"
"안돼. 선생님이랑 같이 있을 때만 운동장에 갈 수 있어."

"그럼 선생님도 운동장에 같이 안돼요?"
"그건 안돼!"
"왜요? 선생님 왜 안돼요?"
"……"

선생님이 운동장에 못나갈 마땅한 이유는 없었다.
그래서 점심 시간에 아이들을 따라 운동장에 나가게 되었다.
아이들이 운동장 어느 구석에서 싸울까 다칠까 여기저기 다니며
눈에 불을 켜고 감시했다. 아이들한테 딱 붙어 무슨 말을 하나
귀를 쫑긋 세우며 다 들어 담았다.
그러다 보니까. 어쩌다 보니까 아이들이랑 같이 놀게 되었다.
같이 이야기하고 흙장난도 하며 축구 골키퍼도 하게 되었다.
같이 달리고 철봉도 하며 피구 심판도 봐주게 되었다.
또 그러다가 어느 날 운동장에서 아이들의 웃는 얼굴을 보게 되었다.
뒤로 자지러지며 웃는 소리를 듣게 되었다. 기분이 좋았다.
행복해졌다. 그래서 그 웃는 얼굴을 또 보고 싶고 그 웃음 소리를
또 듣고 싶어졌다. 운동장에서 아이들이랑 같이 놀다 보면
볼 수 있고 들을 수 있었다.

나는 운동장이 좋아졌다. 그래서 운동장을 바라보게 되었다.
화가 난 아이도 운동장에 놀다보면 기분이 풀어지겠지.
배가 아픈 아이도 운동장에서 놀다보면 안아프게 되겠지.
싸운 친구 사이도 운동장에서 같이 놀다보면 화해하게 되겠지.
운동장에서 같이 놀다 보면, 나도 아이들도 같이 자라게
되겠지 하면서 바라보게 되었다.

2. 비 오는 날, 운동장에서 놀자!

비가 보슬보슬 내리는 날, 아이들은 나에게 묻는다.
"오늘도 밥 먹고 운동장에 나가요?"
"당연하지!"
비 오는 날 맨발로 운동장에서 놀아본 적 있는가?
우리 반 아이들은 비 오는 날 운동장에 나가 맨발로 노는 것을 무척 좋아한다. 한 손에 우산을 들고 신나게 젖은 운동장을 뛰어 다닌다. 그러다가 갑자기 우다닥 어디론가 뛰어간다.
따라가 보면 물웅덩이가 있다. 역시 비오는 날 운동장 핫플레이스는 물웅덩이다. 아이들은 웅덩이가 더 커지도록 가지를 내어 수로를 만든다. 몇몇은 웅덩이에 뛰어들어 흙탕물을 만든다.

"선생님, 이것 보세요. 라떼 같아요!"
진짜 라떼 같다. 그런데 이 라떼! 어디선가 본 적이 있어 생각이 나.
그 때가!
"라떼는 말이야."
봉인했던 기억이 해제된다.
"선생님 꼰대~~"하며 아이들이 나를 놀린다.

고등학생 시절, 아침 7시부터 밤 9시까지 학교에서
내가 있을 곳은 내 책상과 의자. 딱 그 만큼의 공간뿐이었다.
내가 자유로이 갈 수 있는 곳은 없었다.
하루 12시간 넘게 책상 의자에 가만히 앉아 있었다.
열심히 공부했냐고? 설마! 책과 문제집을 펴놓고 머릿 속으로는
하루종일 공상, 아니 몽상을 했다. 할 수 있는 게 없어
갑갑해 죽을 것 같던 날들이었다.

비가 오는 어느 날 저녁 시간. 나는 또 갑갑한 마음에
쇼생크 탈출 마냥 교실을 탈출해 운동장으로 갔다.
비가 내리는 운동장 곳곳에 물웅덩이. 작은 해방감이 솟아났다.
가자! 그 곳으로~ 실내화를 벗어두고 맨발로 흙을 밟았다.
몰랑몰랑 젖은 흙이 내 발을 감쌌다.
온몸으로 살아나는 감각, 한 손에는 우산을 들고 웅덩이로 달려갔다.
물기 가득한 흙을 지근지근 밟는 느낌이 너무 좋아 발자국을 수도
없이 만들었다. 충만한 느낌이 갑갑한 마음을 달래주는
위로가 되었달까? 그 날 이후로 비가 오는 날에는 운동장에 나가
맨발로 걸었다. 여느 때 처럼 젖은 흙을 밟으며 발자국을 만들며
놀고 있었다.
"야! 이놈아, 지금 뭐하는 거야!"
체육 선생님이 소리를 지르는데 뒤돌아보니 지시봉이
나를 향해 있었다.
"이리 나와!"
나 혼난다 이제. 근데 왜 그렇게 화가 나셨지?
"운동장에 발자국을 내면 어떻게 해! 니가 다 메울거야?
철이 있어 없어?!"
지시봉으로 머리를 콩 맞았다.
아, 부끄러워…….
그렇게 비 오는 날 맨발의 추억은 수치심으로 봉인되었다.

"선생님, 왜 이렇게 신났어요?"
그러고 보면 비 오는 날 아이들보다 내가 더 신나서 논다.
내가 그 때 못놀았으니 아이들은 더 신나게 놀았으면 좋겠다.
그런데 선생님이 되고 보니 운동장에 우리가 파놓은 구덩이가
마음에 걸린다. 아이들이 체육을 하다가 구덩이에 걸려 넘어지면

어쩌지? 그 때 체육 선생님이 나를 왜 혼내셨는지 이해가 된다.
아니나 다를까. 얼마 후에 운동장이 많이 파여 흙을 정비한다는
안내가 나왔다.

우리 반이 비온 날 운동장에 낸 자국 때문일 거야.
교장 선생님 뵌 날에 우리 반이 그랬어요 했다.
놀다 보면 자연스레 그렇게 될 수 있다 말씀하시는 교장 선생님,
우리 아이들은 정말 운이 좋아!
비 오는 날 운동장에서 마음껏 놀 수 있으니 말이다.

모소대나무 숲을 꿈꾸다

강경미

1. 소소야 응원해

8월 17일 개학일 아침, 내 손은 땀으로 가득 찼다.
'귀한 손님이 오시는데 우리 반 친구들이 예의바르게 행동하겠지?
아들을 믿어야해.'
우리 반 교실에 강은희 교육감님이 오신 것이다. 긴장은
나 혼자만 한 듯하다. 아이들은 밝고 씩씩한 목소리로
"강은희 교육감님이 우리 반에 오셨다. 와~"
신기한 듯 환호를 외쳤다.
교육감님은 아이들의 모습에 화사한 웃음으로
'모소대나무 이야기'를 해 주셨다.
우리 반 친구들에게 학생의 시간동안 잘 준비하여 꿈을 이루는
사람이 되라고 하셨다. 우리 반 친구들은 배움에 열심을 다하겠다고
다짐하며 머리 위로 하트를 보냈다.

교육감님의 방문 기억이 흐릿해질 때쯤이다.
9월의 햇살 좋은 어느 날, 나는 눈 앞에서 모소대나무가
쑤욱 자라는 것을 보았다.

'아, 그렇구나. 저게 모소대나무의 성장이구나!
소소는 긴 시간을 그냥 흘려보낸 것이 아니라 문을 열고 나올 준비를 열심히 하고 있었던 거구나.'

소소는 우리 반 특수학생이다.
등교할 때는 복도에서 교실로 들어가지 않겠다고 한참을 실랑이하고 반대로 화장실이나 특별실로 이동할 때는 교실에서 한참을 머뭇거리다 교실 문턱을 넘는다.
교실 문턱을 넘는 게 소소에게는 아주 두려운 일인 것 같다.
하지만 그런 소소가 맨발걷기 시간에는 큰 어려움 없이 운동장으로 함께 나온다. 비록 1학기 내내 신발을 신고 운동장을 걸었지만 단 한 번도 활동에 빠지진 않았다. 신발을 신고 걸으며 항상 맨발걷기하는 친구들의 모습을 주시하곤 했다.
매사 변화에 예민한 친구이기에 맨발로 운동장을 걷게 하지 못했다.
그저 한번만이라도 도전해 봤으면 하는 바람뿐이었다.

우리 반 남부회장이 소소에게 한 마디를 던졌다.
"우리는 맨발걷기하는데, 너도 같이 해 보자."
"그래, 그럼 내일은 해 볼께."
아이들의 약속하는 소리를 흘려버렸다.
'한번도 한 적이 없는데……'

다음날 소소는 보란 듯이 맨발로 걷기에 도전하였다.
소소가 운동장 흙에 한 걸음 한 걸음 디딜 때마다 미지의 행성에 첫발을 딛는 우주인 발을 응시하듯 우리 반 친구들은 시선이 소소의 발끝에 머물렀다.
소소의 도전에 우리 반 친구들도 박수로 응원해 줬다.

첫발을 내밀기까지 나의 긴 기다림이 눈 녹듯 사라지는 순간이었다. 내 눈에 뜨거운 눈물이 흘렀다.

간절히 바랬다. 소소가 작은 도전을 성공하기를 말이다.
하지만 어떻게 도와 줘야 할지 몰랐다. 그저 맨발걷기 활동을 꾸준히 실천하였고, 소소가 용기내기를 관심으로 기다려 주었다.
그런데 불가능하게 보였던 맨발걷기가 이렇게 쉽게 이뤄지다니…….
매일 운동장 구석구석 다니시며 안전을 확인하시고 학생들의 이야기를 들어주시는 교장선생님과 교감선생님께서도
친구들의 박수소리를 듣고 오셨다.
소소의 도전을 보시곤 '엄지척'을 날려주셨다.
'어제는 컨디션이 좋아서 했겠지. 오늘은 아닐 거야.'
나의 걱정은 노파심이었다.
소소가 첫 발을 내디딜 때까지가 어려웠지.
그 다음 날부터는 비가 와도 운동장 흙이 좀 뜨거워도
소소는 맨발걷기 활동에 어려움 없이 끝까지 잘 참여하였다.

'너희의 성장은 상상 이상이구나!'
아이들마다의 모습과 시간 차이는 있겠지만 성장의 변화가 눈에 보이지 않아도 오늘도 난 빽빽하고 울창한 모소대나무 숲을 꿈꾸며 아이들과 함께한다.
"나에게 포기하지 말고 모소대나무를 잘 가르치라."
주먹인사를 해 주시고간 교육감님의 환한 얼굴을 아마 가르치는 동안 잊지 못할 것 같다.

2. 나의 작은 영웅들

"짜자잔."
"저희, 왔어요~~~"
아이들의 등장이 요란하다. 후다닥 가방을 정리하고는 교탁 근처로 와서 큰 눈을 껌벅이며 나를 요리조리 살핀다.
오늘 괜찮아 보이나보다. 씨익 웃으며
"선생님, ○○미용실이 싸고 머리를 잘 깎아줘요."
"아빠 따라가서 ○○식당 고기를 먹었는데 고기가 쫄깃하고 맛있었어요."
"오늘 급식에 치킨이 나와 좋기는 한데 너무 자주 나오는 것 같아요."
평상시 같으면 그러게 재잘거리다 나의 추임새를 꼭 듣고 자리로 간다. '진짜? 좋겠다. 나도 같이 데려가주지…….
오늘도 치킨이다. 야호.'

그런데 오늘은 나의 대답을 듣기도 전에 썰물 빠지듯 모두 쓰윽 사라졌다. '모지 이 낯선 느낌은?' 공기에서 뭔가 자신감이 느껴진다. 갑자기 책상 줄도 한 번 더 맞추고, 의자도 살짝 당기고, 허리를 꼿꼿하게 세운 게 당당함이 느껴진다. 방송조회를 하겠다는 안내 방송 때문인 듯하다.
바로 오늘이다. 기다리고 기다리던 맨발걷기 100일 시상일!
순간 머리를 스쳐지나가는 기억들이 한 편의 영화 같다.
하루에 한 알씩, 빨간 스티커를 꼬박꼬박 붙여 나갔던 작고 다부진 손가락들. 스티커 한 알이 무슨 보물이나 된 것 같이 고이고이 모셔다가 게시판에 붙인다.

내가 깜빡하고 스티커를 주지 않은 다음 날은 아이들이

함성을 질렀다.
"선생님, 어제 스티커요~."

어디선가 작은 소리가 났다.
"100일상 다 받는 거 아니야?"
1초도 지나기 전에 학급 친구들이 때로 외친다.
"아니거든, 열심히 안한 친구들은 못 받거든. 다 열심히 했지만."
우리 반 친구들도 자기들이 매일 꾸준하게 실천한 일들이
자랑스러운가 보다. 선물로 받은 겨자색 수건을 머리에 얹더니
자기들은 계란말이 초밥이란다. 까르르거리는 아이들 사이로
오늘도 나는 미소를 짓는다.

학급의 전체가 맨발걷기 100일상 타는 날,
너흰 참 멋진 아이들이란다. 작은 일을 성공했으니
더 큰 일도 이뤄낼 거야, 나의 작은 영웅들~

3

맨발걷기의 즐거움

나는 지금 잘 살고 있는가

소정미

나는 지금 잘 살고 있는가?하고 물으면 생각나는 시절이 있다.
내가 잘못 살았던 시절 말이다.
가족 모두 잠들어 있는 새벽에 혼자 말똥말똥 눈을 뜨고
살았던 24살. 아무 생각 없이 지나 가버린 대학 4년 끝에
나는 임용시험에 떨어졌다. 아무것도 하지 않았으니 떨어지는 것은
당연했다. 하지만 가족한테는 그래서 시험에 떨어졌다고
말도 하지 못했다. 대신 올해는 열심히 해서 붙겠다고 했다.
가족들 앞에서 나는 열심히 공부하는 척을 했다. 엄마, 아빠가
일을 마치고 집에 돌아올 때까지 빈둥빈둥 놀았다.
낮잠도 자고 동네 마실도 나가고 TV도 원 없이 봤다. 그러다가
저녁 6시가 넘으면 책상 앞에 앉았다. 가족들이 집에 돌아오는
시간이었기 때문이다.

1년, 2년……. 그렇게 가족을 속이는 시간이 흘러갔다.
낮에 놀았으니 동트는 새벽까지 잠이 올 리가 없었다.
정신이 말똥말똥했다. 하루종일 애쓴 일이 없는 까닭이다.
엄마가 깨기 전에는 자야지 하며 잠이 오길 기다리다 문득 생각했다.

나는 지금 잘못 살고 있다.
하루종일 가족을 위해 일하는 엄마, 아빠를 속이고
나를 속이는 일. 이렇게는 살 수가 없겠다.
떳떳하게 살 수가 없겠다.
청청한 새벽, 해가 뜰 때
나는 다짐했다. 다시 살아보자고.

지금 나에게 잘 살고 있냐고 묻는다면
나는 당연히 그렇다고 말할 것이다.
고단한 하루를 끝내고 무거운 눈꺼풀로 잠에 들며,
나는 가끔 아무것도 하지 않았던 그 시절을 떠올린다.
오늘 하루 나는 이만큼 열심히 살았다.
나는 지금 잘 살고 있다.

걷는 행복

김애란

얼굴에 와 닿는 바람이 제법 차가운 아침이다.
걸어서 출근하는 이 시간이 참으로 행복하다.
서너 해 전까지만 해도 난 걷기를 그다지 즐거워하지 않았다.
가까운 학교까지도 차를 가지도 다녔고 심지어 마트를 갈 때도
꼭 차를 이용하곤 했었다. 쉬는 날이면 밖에 나가는 대신
집에서 보내는 것이 훨씬 즐거운 일이었다.
복현초에서 맨발걷기를 알게 되면서 걷기의 즐거움은 배가 되었다.
이제는 가까운 거리 이동은 운전 대신 걷기가 생활의 일부가 되었다.

집 주변이나 가까운 금호강 주변을 산책하기 시작하면서 제법
걷는 시간도, 걷는 거리도 늘어나 이젠 1시간 정도는
즐거이 걷게 되었다. 걸으면서 전에 보지 못했던 이름 모를
풀꽃이 눈에 들어오고 피부로 느낄 수 있는 시원한 바람도 좋았다.
운 좋은 날이면 붉게 물든 저녁 노을과 물 위를 뛰어오르는
작지 않은 물고기가 일으킨 예쁜 파문까지 아름다운 모습들이
덤으로 주어지기도 했다.
혼자서도 좋지만 함께 할 친구라도 있는 날이면 더 반가운 일이다.
작년 어느 봄날, 친한 동기, 후배와 함께 금호강 벚꽃길과

매실 밭을 건던 날이며, 팔공산 왕건길을 한나절 동안 걸었던 그 날들은 지금도 행복한 추억으로 남아 있다.

춥다고 소홀했던 걷기지만 따뜻한 봄이 오면 더 많은 시간을 내어 걸어볼 참이다.
나이 들어 돈 주고도 살 수 없는 건강한 몸과 마음을 위해 더 열심히 걸어야겠다.

My Life Changer 맨발걷기

신희경

24년간의 교직 생활 중 학생들과 일터의 소중함을 가장 벅차게 느끼던 나는 2017년 어느 날 유방암이 갑작스럽게 발병하였다. 1년 6개월에 걸친 치료 끝에 2019년 3월 큰 용기를 내어 학교에 복직하였다. 학교 업무와 수업에 최선을 다하고자 하는 마음이 컸기에 혹시 나의 부실한 건강으로 학교에 폐를 끼치면 어쩌나 하는 걱정이 항상 있었다.
그러던 중 2019년 3월 권택환 교수님의 맨발걷기 연수를 큰 기대 없이 전체 교직원들과 함께 들었다. 다양한 맨공 체험 동영상과 오랜 기간 수련해 온 분들의 경험을 들을 때만 하더라도 크게 가슴에 와 닿지 않았다. 하지만 맨공 체험자들의 맨발걷기가 잠을 푹 자게 한다는 한결같은 증언이 나를 운동장으로 불러내었다.

유방암 치료를 위해서는 5년간 타목시펜이라는 항암제를 먹어야 하는데 이 약으로 인하여 불면증이 초래된다. 이것은 거의 대부분의 환자가 겪는 증상이다. 나는 잠을 푹 자고 싶다는 소망으로 아침 일찍 출근하여 운동장에서 맨발걷기를 40분 이상 거의 90일간을 해나갔다.

수면의 질이 개선되는 느낌은 첫날 바로 왔다.
어떤 날은 맨공 시작 이전처럼 잠이 잘 오지 않을 때도 있었지만, 조금 더 긴 시간을 맨발걷기를 하다보니 이 또한 점차 개선되었다. 잠이 보약이라고, 잠을 제대로 자니 그저 줄이고만 싶던 학교 업무에도 자신감이 생겼다. 늘 언제 퇴직할까 고민하던 내가 부족하지만 최선을 다해 학교가 필요로 한다면 오래도록 근무하며 학생들과 지내고 싶다는 열망과 의욕이 생겨났다. 체력이 서서히 올라오면서 정신적으로 굳건해졌고 정서적으로도 안정되는 내 자신을 발견했다. 보통 암 환자들은 치료 기간 동안 초조와 불안감을 안고 살아가는데, 솔직히 나는 그런 것 전혀 느끼지 않고 있다. 오히려 친구들과 가족들이 눈치를 보며 내 건강과 안부를 묻을 때마다 맨발걷기를 칭송하며 권유하고 있다.

또한 스트레스 조절 능력이 많이 향상 되었음을 느끼는데, 정신이 몸의 일부분임을 생각할 때 당연한 결과이다. 요즘은 뭔가 중요한 것을 결정해야할 때 혼자서 운동장을 조용히 맨발로 걷는다. 마음이 차분해지고 머리가 맑아져 현명하게 판단할 수 있어서 좋다. 학생들과도 함께하고 싶지만, 비담임 교사라서 학생들과 함께 맨공을 할 수 있는 시간이 제한된다. 요즘은 방과후 영어 동아리 시간 중에 학생들과 맨발걷기를 하며 영어 학습도 병행하고 있는데, 동아리 학생들은 모두가 맨공 프로들이다. 즐겁게 맨공을 한 후 교실에 돌아와 초집중하며 영어 수업을 한다. 나의 교직 생활 중 가장 큰 행운 중의 하나인 맨발걷기! 적극 권유해 주신 이정안 교장선생님과 좋은 강의를 해주신 권택환 교수님은 나의 건강 은인이다.

복현 대박, 맨발걷기

이은주

로또를 맞은 것은 아니지만, 올해 운이 대박 좋은 것 같다.
그렇게 생각한 이유는…….
내가 올해 발령받은 복현초는 교장선생님이 맨발걷기에 대한 확고한 신념과 지도 아래 학교 학생들과 선생님들께서 적극적으로 맨발걷기를 하고 있었다.
처음 출근했던 학교 운동장은 아이들이 걷기 좋게 명경같이 닦아 놓아 굽 높은 구두 신고 운동장 걷기가 죄스러울 정도였다.

평소 맨발걷기에 관심은 많았으나 차를 타고 멀리 나가지 않는 이상, 맨발로 어딘가를 걸어본다는 것은 나에게는 어려운 일이었다.
그런데 언제든지 신발만 벗어 던지면 운동이 가능하고, 큰돈이 드는 것도 아니고, 어떤 기구도 필요하지 않고, 어려운 기술도 필요하지 않으면서, 아이들이 운동장에 나와서 걷는 걸 좋아하니 실천하기만 하면 누구나 건강해지는 확실한 방법이 될 것 같았다.

처음에는 맨땅에 발이 닿는 것이 찝찝하고 더럽다는 아이들, 씻기가 귀찮아서 신발 신고 걷겠다던 아이들도 몇 명 있었다.

교내 맨발걷기 연수 때 권택환 교수님께서 "우리나라처럼 흙을 무슨 원수처럼 여기는 데가 없다."하시면서 유럽, 일본 등의 흙과 함께 뒹구는 교육 현장을 보여 주신 것이 인상적이었다.

맨발걷기가 좋은 이유는 체내 활성산소와 정전기를 빼낼 수 있기 때문이다. 체내 활성산소와 정전기가 모든 병의 주범이고 우리가 호흡하는 동안 체내에선 끊임없이 활성산소가 생성되는데, 이 활성산소는 일종의 자동차 배기가스처럼 몸에 쌓이면 정상세포를 공격하여 암, 고혈압, 치매 등 각종 현대문명 질병의 원인이 된다고 한다.
맨발걷기를 하면 신발을 벗고 흙을 밟는 순간 양전하인 활성산소가 땅의 접지 효과로 바로 0mmv로 떨어져버린다.
땅에는 음전압을 띤 자유전자가 어마어마한 규모, 지구의 크기만큼 있으니 이러한 땅을 딛는 순간 강력한 음전압이 올라와 활성산소를 중화 소멸시키는 것이다.
단 10분간만 땅을 맨발걷기를 해도 몸은 좋은 에너지로 급속하게 충전되고 혈액은 맑아진다고 한다.

그래서 나는 시간 날 때마다 보여준 맨발걷기의 효능과 방법에 관한 이야기를 하고 동영상을 아이들과 함께 보았다.
아이들도 맨발걷기가 생각한 이상으로 건강에 도움이 된다는 것을 알고 난 뒤로는 맨발걷기에 대해 더욱 좋은 마음으로 임하게 되었다.
"선생님, 오늘 비가 와서 맨발로 걸으면 더 좋을 것 같아요."
"선생님, 어제 저희 집 강아지 시루가 집을 나가서 온 가족이 깜짝 놀랐는데, 지하 주차장에서 찾았어요."
"선생님, 제 남동생이 저보다 20키로가 더 무거운데요, 엄마가 다이어트시킨다고 밥 조금만 줘서 오늘 울었어요."

아이들은 원래 운동장을 뛰며 노는 것을 좋아한다.
특히 코로나19로 인해 바깥 활동의 제약이 심한 요즘에는 실내에서
찌부둥한 몸과 마음을 운동장에서 맨발로 걸으면 걸을수록
사제간의 대화도 늘어나고 정도 쌓이는 걸 느낀다.
오늘도 아이들과 잠깐이라도 시간을 내서 맨발로 걷는다.
햇빛을 쬔다. 아이들의 진솔한 이야기를 듣는다. 재미있다.

집에 가면 잠도 잘 온다.
모든 병의 원인인 활성산소도 내려놓고,
쌓였던 스트레스도 내려놓는다면 얼마나 좋은 일인가.
나는 역시 운이 좋다.

맨발걷기는 자연백신!

김연정

맨날 맨날 운동장에 나가요!
비가 와도 햇빛이 쨍쨍해도 어김없이 아이들은 외친다.
"선생님, 맨날걷기하러 가요."
"발이 아파요!"
처음에는 아이들도, 나도 발이 아프긴 마찬가지였다.
마치 인어공주가 처음 육지를 내딛듯 운동장 맨바닥의 모래며
거침없이 지나가는 개미 등 피해야 할 것이 너무나 많았다.
무방비 상태인 맨발로 운동장을 걷는 것은 정말 힘들었다.
하지만 그것도 잠시, 언제부터인가 신이라는 거추장한 물건 속에
갇혀 있던 발이 물 만난 물고기마냥 신을 박차고 훨훨
날개 돋친 새처럼 자유로웠다.

걷고 달리고 뛰고 놀고!
걷기만 해도 힘들다고 어리광을 부리던 아이들이 운동장을
맨발로 달린다. 누구 못지않게 힘차게! 운동장에 뭐가 있다거나
울퉁불퉁하다고 하지 않고 걷고 또 달리고 즐겁게 논다.
맨발로 잡기놀이도 하고, 맨발로 정글짐도 올라가고 맨발로
발목줄넘기도 하고 맨발로 못 할 것도 없다.

기억이 새록새록!
코로나19로 인해 우리들은 서로의 얼굴을 잘 알지 못한다.
하지만 마스크 쓴 모습과 대비되는 맨발의 우리들!
비록 얼굴은 민낯으로 대할 수 없지만 맨발만큼은
누구보다도 친숙하다.

맨발걷기는
우리들에게 힐링이며
생명애를 느끼고,
자연백신으로 행복지킴이이다.

맨발걷기의 즐거움

박은영

나는 작년에 복현초등학교로 전입을 오게 되었다.
그때 처음으로 복현초가 학교특색 활동으로 맨발걷기를 하고 있다는 것을 알게 되었다.

코로나19로 정신없는 작년이었지만 교장선생님의 적극적인 지지 아래 학생들이 등교를 시작한 이후로 거의 매일을 맨발걷기를 하러 운동장으로 나갔다.
코로나로 인해 친구들과 거리를 두고 함께 하는 활동들이 많이 금지되면서 학생들도 나도 답답함을 많이 느꼈던 터라 맨발걷기를 하러 밖으로 나가는 시간이 가장 기다려지는 시간이었다.

나에게는 맨발걷기가 처음이었지만 아이들은 이미 작년에도 해왔던 활동이라 익숙하게 맨발걷기를 해나갔다.
교실 안에서는 그 좁은 자기 자리에 가만히 앉아서 수업을 들어야 했지만 운동장에 나가면 아이들은 본연의 생동감으로 맨발걷기를 즐겼다. 학생들과 함께 걸으며 자연의 변화를 민감하게 느낄 수 있었다. 신발을 신고 걸을 때는 몰랐던 땅의 감촉, 햇볕에서 걸을 때와 그늘에서 걸을 때 맨발로 전해지는 따스하고 서늘한 감촉, 살면서 처음 느껴지는 감촉이었지만 무척 기분이 좋았다.
여름에서 가을로, 가을에서 겨울로 변할 때 발을 통해 느껴지는 땅의 기운 역시 나의 모든 세포를 민감하게 깨워주는 듯한 느낌이 들었다.

운동장 모래사장 쪽에서 걸을 때면 발가락을 파고드는 모래의 느낌. 하루 중 언제 나가서 걷느냐에 따라 달라지는 그림자의 위치, 바람의 방향 등등 아이들과 함께 걷는 동안 똑같은 날이 하루도 없었다.
참으로 신기했던 것은 그 모든 자연의 변화를 아이들은 모두 민감하게 느끼고 말로 표현한다는 것이었다.
함께 햇볕 속을 걷다가 그늘 속으로 들어가면 아이들은 "선생님 너무 시원해요. 발이 차가워요."하며 일부로 햇볕 쪽으로만 걷는 아이들도 있었다.
비가 오는 날도 예외는 아니어서 우리는 우산을 들고 바지를 걷어 올리고 함께 맨발걷기를 하러 나갔다.
그때 느낀 것은 '비오는 날의 맨발걷기가 백미'라는 것이다.
아이들은 "선생님 비가 오니까 운동장 바닥이 더 따뜻하고 폭신폭신해요"하고 말했다.
뭔가 자유롭기도 하고 정말 기분 좋은 느낌이었다.
요새 창의성이 강조되는데 맨발걷기를 하며 매일 달라지는 자연을 느낀 학생들은 민감성과 표현력이 커지지 않을래야 않을 수 없겠다는 생각을 많이 했다.

학생들을 위해서도 열심히 했지만 나 자신을 위해서도 맨발걷기를 열심히 해나갔다. 평소 예민해서 작은 걱정거리가 있거나 스트레스를 받으면 소화도 되지 않고 잠도 잘 자지 못하였는데 맨발걷기를 한 첫 날. 바로 첫 날부터 꿀잠을 자게 된 것이다. 햇볕을 받으며 맨발로 걷는 단순함 속에서 내 몸은 걱정을 덜고 더 건강해지는 중이었던 가보다.

보통 학교특색 사업이라 하면 교사에게는 어느 정도 일거리이기 마련이다. 그러나 교장선생님께서는 하루 중 어느 때라도 운동장에 나와서 걸으면 된다고 하셨다. 부담 없이 정말 '맨발걷기를 즐기기 위해서' 운동장으로 갈 수 있었다. 열정적으로 맨발걷기를 할 수 있었던 원동력이 아닌가 싶다. 이런 맨발걷기라면 남은 내 교직 생활 모두 학생들과 즐겁게 맨발걷기를 할 수 있을 것 같은 희망이 생긴다.

예쁜 내 발

김미옥

사실 내 발은 예쁜 발이 아니다.
오른발 엄지발가락이 바로 옆 검지발가락 옆으로 구부러져 있고
엄지쪽 뼈가 툭 튀어나와 있어 신발을 오래 신으면 통증이 느껴진다.
언젠가부터는 구부러지는 정도가 심해져서 엄지발가락이
검지발가락 위로 살짝 올라가 있다. 그래서인지 발 앞쪽으로
체중이 잘 실리지 않고 발목 힘도 부족해서 자주 접지르기도 한다.

그래서 불만이었다.
'키 커 보이려고 높은 신발을 많이 신어서 그런가?'
'이러다가 좋아하는 운동이나 댄스도 못하게 되는 거 아닌가?'
'나중에는 수술도 해야 하는 것 아닐까?'하는
불안과 걱정이 내 발을 볼 때마다 떠올랐다.

키가 작은 걸 이제 와서 어쩔 수도 없고, 뉴스에 높은 굽 신발의
문제점에 대해 자주 보도가 나오고 하니 나는 점점 낮은 신발을
찾아 신게 되었다. 낮지만 발은 편한 운동화도 애용하지만
여전히 삐뚫어진 내 오른발이 미웠다.

지난 봄 햇살 너무 좋은 날, 중간놀이시간에 뛰어나온
2학년 아이들과 함께 맨발로 걸었다.
여느 때처럼 아이들의 온갖 수다를 들어주며,
가위바위보 놀이도 하며 걷다보니 금세 교실로 들어갈
시간이 되었다.

먼저 맨발걷기를 끝낸 2학년 아이들 이십여 명이 운동장 한 켠
발세척장 앞 매트에 엉덩이를 대고 앉아 열심히 발을 닦고 있다.
미리 챙겨온 수건을 지퍼백에서 꺼내어 꼼꼼히 닦는 아이,
휴지로 닦는 아이, 쓱싹쓱싹 바지자락에 발을 비비는 아이 등
저마다 발을 문지르며 뭐 큰일이라도 하는 양 난리법석이다.
이런 모습은 여느 학교에서는 볼 수 없는 이색적인 풍경이라
할 수 있을 것이다. 보고만 있어도 입가에 웃음이 지어진다.

문득 내 발을 들여다보았다.
햇빛 속에 맨살인 내 발이 갑자기 눈에 확 들어왔다.
자세히 보고 싶어 벤치에 앉아 두 발을 바라보는데
'내 발이 이렇게 예뻤나?'하는 생각이 들었다.
스타킹을 신은 것도, 명품 구두를 신은 것도 아닌데
약간 그을린 그냥 맨발일 뿐인데 예뻤다. 아주 예뻤다.
살아있는 예쁜 발이었다.
'그래 이 발이 있어 할 수 있는 게 너무 많았는데 내가 이제야
그 걸 알다니, 그래 모양이 뭐가 중요해. 내 세상 시름을
다 안고 같이 서 있어주는 고마운 발인데…….'
못난 발은 애초에 없었던 것인데, 미워해서 너무 미안했다.
가만히 두 발을 만지작거렸다.

몇 일 전에 엄마에게 전화가 왔다.
"김장해야하는 데 오늘 농협에 배추 싸게 들어온단다. 시간 되면 사러가자."고 하신다. 김장 담기는 1년 먹거리를 책임지는 가장 중요한 행사라 매년 엄마랑 하고 있다.
힘들게 사온 배추 마흔 포기를 마당에서 다듬고 절이느라 허리도 아프고 양말도 축축해지고 말았다.
추위에 언 몸도 녹이고 양말도 갈아 신으려고 방안에 들어왔는데, 갑자기 엄마의 맨발이 시야에 클로즈업되었다.
일순간 엄마 발에 시선이 딱 멈추었다.
거기에는 나와 똑 닮은 발이 있었다.
"엄마, 이것 봐요. 엄마 발과 내 발이 똑 같아요."
"엄마가 낳았으니 그 발이 그 발이겠지."
"그런데 삐뚫어진 모양도 똑 같잖아요. 신기해요."

엄마도 이렇게 구부러진 발로 긴 세월 동안 고생하시며 '우리를 키우셨구나'하는 생각이 들었다.
나는 엄마를 꼬옥 안아드렸다. 엄마는 내가 왜 이렇게 발을 쳐다보며 호들갑을 떠는 지 알지 못하셨지만 내 마음속 가득 차오르는 따뜻함에 차가웠던 발도 함께 따뜻해졌다.

평범한 일상을 꿈꾸며

박이화

어제는 아이들이
"선생님~ 오늘 햇살이 쫘악 퍼지네요. 운동장에 나가요."
응 이게 무슨 말인가. 어린 아이들이 햇살이 퍼진다는 말을 한다.
며칠 전 날씨도 흐리고 바람도 불어서 햇살이 퍼지면
운동장 수업한다고 했던 말을 아이들은 기억하고 있었나보다.
아! 교사의 한 마디, 행동 하나 하나가 정말 허투루 해서는
큰 일 나겠다 싶었다.

아이들에게서 배우는 게 참 많다.
오늘은 일어나자마자 날씨부터 챙겼다.
다행히 어제보다 온도가 4도나 높단다.
그래! 오늘은 운동장으로 나갈 수 있겠네. 호호
학교 들어선 순간 바깥 공기부터 살폈다.
'으~응, 이 정도면 뭐' 회심의 미소를 지었다.
아! 벌써 얼마 전만 해도 햇빛을 피하는 시간을 택해서
운동장으로 나갔는데…….
참 계절이 빠르다는 걸 한 번 더 실감했다

1교시 시작 전부터 아이들의 두런두런거리는 소리가 들린다.
'오늘 맨발걷기하러 나가지', '그럼 나가지', '아니야, 하늘 봐.
해가 없잖아'하는 아이들의 소리에 나도 모르게 창밖을 보았다.
아닌게 아니라 당장 뭐라도 올 것 같은 흐린 날이다.
오늘은 운동장에 못 나갈 수도 있겠는데 아쉽다.
"오늘도 열심히 공부하면 운동장 수업하러 갈거야."라는 한 마디에
아이들은 눈을 말똥말똥, 귀는 쫑긋쫑긋, 또랑또랑한 목소리로
열심히 공부한다. 내 말이 먹히는 순간이다.
그렇게 흐리던 하늘이 환하게 비추는 때쯤 기다렸다는 듯이
여기 저기 아이들은 "야! 봐라 햇빛 나오잖아!", "그래! 나왔네"
3교시 수업시간에는 몇몇의 아이들의 입에서는 흥얼흥얼,
어느새 마음은 벌써 운동장으로 나가 있었다.

드디어 나갈 시간이 되었다.
분주하게 움직이는 아이들은 줄넘기 챙기고, 외투 챙겨 입고,
신발주머니 챙기고……. 운동장으로 향하는 발걸음이 바쁘다.
우리 반 ㅇㅇㅇ는 "선생님 맨발걷기 좋아요~."
"으응, 그래?"
참 흐뭇한 말이다. 이 아이는 새 학년 올라왔을 때에는
낱말도 자연스럽게 발음하기 힘들어 했다.
어쩌다 "선·생·님·안·녕·하·세·요?"하는 날이면 작은 목소리에
발음도 분명치 않아서 알아듣기가 여간 힘든 게 아니었다.
이젠 문장을 자연스럽게 이야기한다. 어디 이것 뿐만이 아니다.
운동장에서 활동할 때에도 미끄럼틀, 시소, 철봉 등 놀이기구
이용할 때에도 선뜻 다가가지 못하고 주변만 맴돌았다.
겨우 놀라치면 꼭 보조선생님의 도움을 받아야만 했다.
그러나 지금 시소도, 미끄럼틀도, 철봉도 도움 받지 않고

이용할 수 있고 친구들과도 이름을 부르며 술래잡기며
각종 전래놀이를 하면서 재미있게 잘 논다.

우리 반 아이들이 참 마음이 예쁘다.
도움이 필요한 친구에겐 늘 따뜻한 마음으로 다가가서 기꺼이
도와준다.
"선생니임, ㅇㅇㅇ가 제 이름을 불러줬어요."
"선생님~ ㅇㅇㅇ가 완전한 문장으로 말했어요." 등 놀라워하며
모든 것을 담임인 나한테 이야기해준다.
그런 이 아이가 맨발걷기가 좋단다.
그 말 한 마디에 난 오늘도 멈출 수 가 없다.
운동장으로 향하는 발걸음 또한 가볍다.
매일같이 아이들과 함께하는 이런 일상들이 나를 행복하게 한다.

4

아이들과 더 가까워지기

내가 만난 맨발걷는 사람들!

김미옥

나는 오늘도 운동장으로 간다.
세상에서 가장 아름다운 얼굴들을 만나러 맨발로 나간다.
걷다보면 준수를, 걷다보면 유진이를, 걷다보면 단비를 만난다.
네모난 박스에 갇혀 있던 아이들이 운동장에 나오면
날개를 단 듯 자유롭게 흙 위를 휘젓는다.
목소리는 커지고 얼굴에는 웃음이 가득하다.
그래서 나도 함께 행복해진다.

맨발걷기는 이제 나의 일상이 되었다.
맨발걷기가 내 일상으로 온전히 담기는데 몇 년의 시간이 걸렸다.
그 시간 동안 가장 생각나는 세 사람의 얼굴이 떠오른다.
처음 시작을 하게 해준 동기 유은옥, 맨발걷기 체험담을 들려주며
함께 걷자고 하시던 김혜경 교감선생님, 그리고 지금의
이정안 교장선생님이시다.
나의 첫 맨발걷기는 2015년 11월 24일 교감역량강화 연수에서였다.
지루한 오전 강의연수가 끝나고 오후에는 토함산 걷기가
계획되어 있었다.
동기들 끼리 모여 같이 올라가려고 하는데, 은옥이가 갑자기

신발을 벗고 맨발로 걷자고 하였다.
11월 늦가을 토함산을 맨발로 걷자고 하니 이게 무슨 일인가 싶은데, 옆에 있던 진옥, 영미, 이선이 모두 망설임 없이 신발을 벗더니 성큼성큼 산을 오르는 것이다.
다른 친구들은 이미 경험이 있는 듯하였다.
"얘들아, 발 안아프냐? 안다치냐?"라며 안절부절하는데 친구들은 그냥 걸어 올라간다. "괜찮다. 해봐라. 좋다."라는 은옥이, '그래 친구 따라 강남 간다는데 해볼까'하며 망설이던 나는 운동화를 벗고 살포시 맨발로 디뎌보았다.
차가운 공기, 딱딱한 흙, 한 번씩 밟히는 뾰족한 돌, 삐죽한 나뭇가지의 촉감이 느껴졌다.
앞사람을 따라 산을 오르고 내리기를 40여 분, 맨발로 처음 걸어 보았는데도 아프기는커녕 편안함이 느껴졌다.
다 같이 발을 모아 사진을 찍을 때에는 하하호호 웃음이 절로 나왔다. 학창시절 몰래 매점에 갔을 때처럼 기분 좋은 일탈로 평소의 내가 아닌 다른 사람이 된 듯하였다.
맨발 첫디딤은 차갑고 시린 가을산이었지만 새로운 경험으로 내 가슴이 뜨거워졌다.

이후부터 맨발걷기에 대한 어색함은 없어지고 어느 장소에서든, 남이 하자고 하면 그냥 하였고, 가끔 공원이나 산책로에서 맨발로 걷는 사람을 보면 '아 몸에 좋다고 하더니 이제 여러 사람들에게 알려졌구나'하고 그냥 지나쳤다.
거부감은 없어졌지만 아직 내 것이 아니었고 남들 이야기인 채 그렇게 시간들이 흘러갔다.

2019년 6월 17일 나는 한국교원대에서 교장연수에 참여하였다.

대구에서 같이 올라간 산격초 김혜경 교감선생님은 경북여고 선배님이기도 하고, 해외연수도 함께 간 터라 우리는 자연스럽게 짝이 되었다. 쉬는 시간, 점심시간 등 대부분의 시간을 함께 하였다. 선배는 아침 6시에 일어나서는 맨발로 교원대 기숙사 뒷산을 걷고, 아침식사를 하고 나면 식당주변을, 점심시간에는 앞쪽 대운동장을 걸었다. 선배가 하루에 수 차례 열성으로 맨발걷기를 하자 교장연수에 참여한 전국의 많은 연수생들이 호기심을 갖고 하나둘씩 참여하더니 연수가 시작되고 몇 일되지 않아 기숙사 앞쪽 대운동장과 뒤쪽 운동장에는 맨발하는 사람들로 가득하였다.

맨발학교 교장이신 권택환 교수님이 중등교장연수에서 맨발연수를 하신 날 저녁에는 초중등 교장선생님들 모두 운동장에 나와 달빛 아래 삼삼오오 모여 맨발걷기를 하였다.
"대구에 맨발걷기가 유명하다던데 정말 그러냐."고 묻기도 하고
"학교에서 아이들도 하느냐."고 물으시곤 하였다.
한 달여 간의 시간동안 맨발로 걸으며 전국 교육현장의 여러 가지 담화를 나누고 연수생들은 금세 벗이 되는 경험을 하였다.
나는 그 기간 지치지 않은 열정을 가진 김혜경 교감선생님 덕분에 가끔씩 하던 맨발을 아침저녁으로 할 수 있었다. 선배가 느낀 생생한 몸의 변화를 나는 언제 느껴볼 수 있을지, 권택환 교수님의 강의는 언제 들어볼 수 있을지를 생각하며 좀 더 자주 봉무공원과 낙동강변 등에서 맨발걷기를 하였다.

그 해 9월 1일 나는 대구복현초로 전근을 오게 되었다.
그리고 이정안 교장선생님을 만났다.
첫 만난 날, 교장선생님께서는 "아침에 등교 지도하시고

운동장으로 오셔서 맨발 걸으며 아침 회의를 합시다."라고 하셨다.
그 전에 전경희 교장선생님께서 남덕초에서 맨발걷기와 놀이로
전국적인 워크숍을 진행한다는 소식은 들어보았지만
이정안 교장선생님 이야기는 듣지 못했었는데, 맨발 인연이
이렇게 또 성큼 내게 오고 있었던 것이다. 아, 그 맨발!

우리학교가 맨발걷기를 학교특색으로 얼마나 열심히 하고
있었는지는 몇 일 내에 바로 알 수 있었다. 교장선생님께서는
하버드대학 존 레이티 교수의 『운동장이 아이를 키운다』,
『운동화 신은 뇌』를 인용하시면서 부임 이후 우리학교에서 하고
있는 맨발걷기 활동을 설명해주셨다.
빨주노초파남보 무지개 빛깔 티셔츠를 입고 아침 0교시,
중간놀이와 점심시간에 누구나 맨발걷기를 한다고 하셨다.
10월에 학부모님과 소원하던 권택환 교수님의 강의도
같이 들었다. 권 교수님은 "양발을 통해 뇌가 자극되고, 흙 속에
있는 좋은 세균들이 면역력을 길러주며, 몸 속 활성산소가
어싱(earthing)을 통해 몸 밖으로 배출되어 몸이 편안해지고
이완되며, 심신이 건강해져 특히 자라나는 아이들에게
가장 좋다."는 여러 연구 결과를 설명해주셨다.
아! 그래서 그랬구나!

이정안 교장선생님을 만나면서 학교 밖 나만의 건강
운동이었던 맨발걷기가 학교교육과정과 연계하여 학교 속
아이들과 함께 하는 교육활동이 되었다.
우리학교는 맨발특색사업 3년차를 운영하였다.
이제는 맨발걷기와 교육이 큰 문화로 자리잡게 되었다.
그것은 권택환 교수님이 해마다 교사연수, 학부모 연수를 실습과

함께 해주시고, 수 년 동안 맨발교육에 동참하시는 매니아 선생님 다수가 자발적으로 참여하고, 무엇보다 교사들을 전적으로 신뢰하고 교육과정 운영을 믿고 맡겨주신 교장선생님의 리더십이 있었기에 이루어진 결실이다.
그리하여 코로나로 그 힘들었던 2020년에도 우리학교는 요일별로 학년을 정하고, 마스크를 끼고 거리두기를 한 채 틈틈이 실천할 수 있었고, 30일, 50일, 100일이 200일, 300일로 쌓이면서 아이들의 생활습관으로 정착되고 있다.

비오는 날에 아이들의 등살에 떠밀려 나오시는 선생님들도 아이들의 밝아진 모습에 교사로서 당당하고 자신감있게 학교생활을 하신다. 방과후에도 맨발걷기 사제동행이 이루어지고 365일 운동회하는 듯 운동장 한 가득 아이들로 가득 찬다.
맨발걷기가 교육과정에 들어와서 가장 기쁜 일은 아이들이 학교에 오는 것을 행복해 한다는 것이다.
"교감선생님, 맨발 잔치를 하는 것 같아요."
"운동장에 사람들이 너무 많아서 운동회를 하는 것 같아요."
"마음이 뻥 뚫리고 시원해져요"라고 한다.
운동장의 푸른 하늘과 꽃과 나무, 흙과 돌, 개미와 새들이 어우러진 자연 속에서 책이나 연필 없이 맨발로 만나는 아이들은 더 없이 솔직한 감정을 표현한다.
2015년 은옥이로부터 시작하여 김혜경 교감선생님, 이정안 교장선생님을 만나면서 이제 맨발걷기는 내 안에 온전히 자리를 하게 되었다.
나는 오늘도 운동장으로 나간다.
너무나 사랑스러운 아이들과 함께 맨발로 걷고 싶다.

새로운 세상을 걷다
—맨발걷기 1년을 실천하고 나서

배수진

2019년 3월 이후 새로 부임하신 교장선생님의 실제 경험과 맨발학교 교장선생님의 맨발걷기 관련 강의를 듣고 맨발걷기에 관심이 생겼고, 우리 반 아이들과 함께 학교 운동장을 걸어보고 싶다는 생각이 들었다.

4월 첫째 주 월요일을 맞이하여 아이들과 운동장으로 향했다. 학교에서 처음으로 양말을 벗고 흙을 대하는 기분은 어떨까?
"발바닥이 간질간질 개미가 지나가는 것 같아요."
"구름 위를 걷는 것 같아요."
"몸 속으로 좋은 기운이 들어오는 것 같아요."
맨발걷기에 대해 아이들은 기분 좋은 표현들을 쏟아냈다.

첫날의 좋았던 기분을 이어 그 이후로 거의 매일 아이들과 맨발걷기를 하였다. 주로 1교시를 이용하여 모든 교과수업 및 창체 활동과 연계하여 맨발로 먼저 걷고 그와 관련지어 수업활동을 이어갔다.

운동장에 나가는 것만으로도 즐거운 아이들은

매일 매일 아침 시간을 기다렸다.
비가 오면 우산을 쓰고, 해가 나면 모자를 쓰고, 친구들과 이야기하며 선생님과 이야기하며 달리다가 걷다가 노래 불렀다.

봄에는 운동장에서 돌을 함께 줍고,
여름에는 씨름장에서 닭싸움을 즐기며
가을에는 알록달록 나뭇잎을 주웠다.
겨울에는 맑은 하늘을 보며
눈만 마주쳐도 기분 좋은 웃음을 함께 나누었다.

처음에는 여러 가지 이유로 맨발걷기를 꺼리는 아이들이 5~6명은 되었으나 함께 맨발을 걸으면 좋은 일이 많아지는 것을 스스로의 체험으로 알게 된 아이들은 함께 걸으며 즐거움을 느끼기 시작했다. 간혹 학교행사 등으로 맨발걷기를 못하고 집에 갈 때면 아쉬워하는 아이들이 많았고, 주말에는 가족들과 맨발걷기하는 아이들이 점차 늘어났다. 어느새 12월이 되었고, 기온이 많이 내려가 아침시간에는 맨발을 걷기가 힘든 시간이 찾아왔다. 하지만 우리 반 아이들의 맨발걷기에 대한 열정은 막지 못했다.

'맨발걷기 특공대'를 조직해서 서로를 독려하면서 1, 2교시 대신 3, 4교시를 이용해서라도 맨발걷기는 꼭 하게 되었다. 그렇게 사계절을 함께 걸으며 우리들은 소중한 시간을 맨발걷기로 채워나갔다. 맨발걷기로 1년을 보내면서 아이들이 신체적으로 강인해진 것은 말할 필요도 없고 에너지를 마음껏 발산시킬 기회를 주니 공부시간에는 주의집중을 잘하게 되었다.

정서적으로 안정이 되어 서로가 서로를 아끼면서 배려하고 협력하는 학급 분위기가 조성되어 따로 생활교육을 할 필요가 없게 되었다.

행복함으로 충만한 아이들은 자신을 사랑하고 주위 사람들을 존중하고 아끼는 마음으로 친구들과 혹은 가족들과 함께 맨발걷기를 꾸준히 하게 될 것이다.

아이들과 더 가까워지기

김소연

맨발걷기를 처음으로 접하게 된 것은 지난 2019년,
이정안 교장선생님께서 복현초등학교에 부임을 하신 직후였다.
이미 몇몇 학교에서 맨발로 운동장 걷기를 한다는 소식은 익히
들어 알고 있었지만 내가 그것을 직접 체험하고, 적극적으로
참여하게 될 것이라고는 전혀 생각하지 못했었다.
그도 그럴 것이 태어나서부터 살면서 신발을 벗고 맨땅을 걸어본
경험을 한 사람이 얼마나 될까?

처음 맨발걷기를 하게 된 날은 지금도 생생하다.
교대 재학 시절 수업을 들은 적이 있는 권택환 교수님께서
'맨발걷기 전도사'로 학교를 찾아오셨다.
연수의 막바지에 "우리 모두 운동장에 가서 직접 맨발걷기를
한 번해볼까요?"라는 말씀에 나를 비롯한 선생님들 모두
쭈뼛쭈뼛 운동장으로 향했다. 처음에는 신발도, 양말도 신지 않고
맨발로 땅을 디딘다는 것이 무척이나 어색하게 느껴졌다.
땅이 더러우면 어떡하지, 맨발로 운동장을 걸으면 아프지 않을까?
걷고 난 후에 발을 씻는 것은 어떻게 해야 할까? 어떤 일이든
그렇겠지만 맨발걷기를 해보기 전 나의 마음속은 온통 걱정과

불신이 가득했다. 하지만 하나, 둘 신발을 벗으시는 선생님들의 모습을 따라 나도 운동장 한 켠에 신발과 양말을 벗어 정리해 두고 운동장 흙으로 첫발을 내딛었다. 지금도 생생한 그때의 느낌. 아직은 차가운 봄날의 흙바닥 촉감이 하루를 보내고 지친 나의 정신을 맑게 깨우는 느낌이 들었다. 그리고 한 발, 한 발 걸을 때마다 아주 작은 돌맹이들이 발을 간지럽히는 느낌은 분명 내가 생각했던 것과는 반대로 꽤 설레고 즐거운 기분이었다.

맨발걷기를 처음 접하고, 그 즐거움을 깨닫게 된 것은 나 뿐만이 아니었다. 우리 복현 아이들 또한 처음으로 맨 땅을 딛고 걷는 즐거움을 알게 된 것이다. 처음 아이들과 함께 맨발걷기를 하러 나갔을 때는 낯선 마음에 신발 벗는 것을 거부하는 학생들도 제법 있었다. 하지만 선생님과 다른 친구들이 먼저 신발을 벗은 채로, 재밌게 웃고 이야기하며 걷는 모습을 보고 대부분의 학생들이 맨발걷기에 참여하게 되었다.
아이들은 중간 놀이 시간마다, 아침 활동 시간마다
"선생님, 오늘 맨발하러 안 가요?"
"선생님, 맨발걷기하러 가요."라는 이야기는 늘 빠지지 않았다.
교실에서 하는 모든 수업이 즐겁기만 할 수는 없기에, 때로는 지루하고 긴 수업에 지친 아이들의 모습을 보는 것이 속상할 때도 있다. 그러나 운동장에서 아이들의 모습은 언제나 즐거움 가득이다.
학교에서 나누어 준 복현 7560 티셔츠를 한 색깔로 맞춰 입고, 하하호호 웃으며 걷고 달리는 아이들의 모습은 보는 것만으로도 나를 행복하게 만들어주었다.

작년 한 해는 코로나19로 인해 아이들과 온전히 1년을 함께 보내지 못했다. 개학이 미루어지고, 등교는 퐁당퐁당, 모두 마스크를 끼고 첫인사를 나누었다. 괜히 다른 때보다 어색하고, 아이들과 쉽게 가까워지지 못하는 느낌이 들었다.
교실에서는 책상마다 칸막이가 쳐져 있고, 띄엄띄엄 앉은 모습이 괜히 안쓰러웠다. 그러다가 다시 운동장으로 나가게 되었다.
마스크를 끼고, 줄을 맞춰서 거리는 유지하며 걷는 모습이 비록 그 전보다는 자유롭지 못하지만, 외출도 잘하지 못하던 당시 우리 반 아이들에게는 큰 즐거움이 되었을 것이다.
교실에서보다 좀 더 밝은 모습으로 내 가까이 다가와 재잘재잘, 이것저것 질문하는 모습이 참 귀엽게 느껴졌다.
나는 매일 짧은 시간이라도 아이들과 함께 운동장에서 맨발걷기를 하며 소통하려고 노력했다.

맨발을 하면 두뇌가 개발되고, 혈액순환이 잘 된다고 한다.
또, 우리 몸 안의 정전기가 빠져나가 병에 걸리지 않게 해주며 숙면을 취하는 데에도 큰 도움이 된다고 한다.
이런 것들이 맨발걷기의 가장 큰 장점이겠지만, 학교에서 아이들을 가르치고 함께 생활하는 나는 맨발로 운동장에서 뛰어놀며 환하게 웃는 아이들의 모습을 보고, 반 아이들과 좀 더 가까워질 수 있는 소중한 시간을 보낸 게 맨발걷기의 가장 큰 선물이라고 말하고 싶다.

너와 나를 연결하는 맨발걷기

김화정

경북의 작은 학교에서 새로 온 복현초등학교의 운동장은
내겐 너무나 넓게 느껴졌다. 그것도 초록 인조잔디가 아닌
모래운동장! 학교 특색 활동으로 '전교생 맨발걷기'를 실시한다는
소개를 듣고서야 고개가 끄덕여졌다.
'맨발걷기라. 건강에 좋을 것 같군.'
하지만, 코로나에 전면 등교를 실시하는 상황이라 하루하루가
눈 깜빡 할 사이에 지나가는 나날이었다.

우리 반 친구들과 어느 정도 사랑과 미움의 정이 싹틀 무렵,
봄비가 촉촉하게 적시는 오후에 전 교직원 맨발걷기 연수가 있었다.
맨발걷기의 여러 가지 효능은 단지 육체적인 건강을 향상시키는데
그치지 않고 궁극적으로는 학생들의 정서와 학업 성취도에까지
영향을 미친다는 여러 연구 결과를 보며 우리 아이들과
한 번 해보고 싶다는 생각이 들었다.
비 오는 운동장을 보며 맨발로 걸을 수 있을까 하던 의심은
"와! 이렇게 부드러운 모래 느낌 너무 오랜만이야.
해변을 걷는 느낌인걸."하는 감탄으로 바뀌었다.

다음날, 마스크 위의 지루한 눈빛을 보고
"얘들아, 맨발걷기 해봤니? 우리 운동장 나가서 지금 맨발걷기할까?"
순식간에 지루함이 사라지고 반짝이는 눈빛들과 함께 "예!"하는
우렁찬 대답이 돌아왔다.
내가 먼저 양말을 벗고 맨발로 걷기 시작하자 아이들은 우물쭈물
그냥 걸어도 되느냐는 눈빛을 보내온다.
"그래, 그래 그냥 자유롭게 걷자. 뛰지만 말아줘."
"선생님, 발바닥 안 아파요?"
"아프긴…… 시원하다."
"어, 저기 봐요. 민재도 맨발로 걸어요."
"오! 내 편이 한 사람은 있구나! 민재야 고마워."

우리 반 민재, 여러 가지 일들을 겪으며 좋은 이미지 보다는
부정적인 모습으로 내 머릿속에 들어온 친구다. 뜻밖에도 그
민재가 맨발로 내 옆에 다가 왔다. 아이들이 웅성거리면서
하나, 둘 양말을 벗는다.
"오! 선생님, 4학년 때 맨발로 걸어봤는데, 흙이 따뜻하고 기분
좋아요."

어느 새 우리 반 모두 맨발로 걷는다.
내 옆에 다가와서 언니랑 싸운 이야기, 엄마한테 혼난 이야기하며
파도처럼 다가왔다 멀어진다. 민재도 거칠지만 마음 속
이야기를 하나 둘 꺼내 놓았다. 그 날 이후로 민재는 늘
운동장에서 걸을 때는 맨발로 내 옆을 지켜주고 있다.
아직도 내 심장을 가끔 덜 하게 하는 말썽을 피울 때도 있지만
민재는 나의 맨발걷기 동무다.
나와 너는 맨발로 걸으며 우리가 되고 동무가 되었다.

운동장에서 수업하는 기쁨

이연주

살다보면 세상일이 자기 생각과 다른 엉뚱한 방향으로 가기도 한다.
나는 그림그리기를 좋아했고 미술을 전공해서 화가가 될 줄 알았다.
대학교에 들어갈 때까지도 대한민국은 좋은 나라였다.
그러다가 1997년 우리나라를 뒤흔든 IMF사태가 일어났고,
사람들은 생존의 위협을 느꼈다. 미대를 나와서 베짱이처럼 살던
나도 취직을 해야겠다고 생각하고 임용고사를 준비하고 있었다.
1998년 경기도 중등미술교사를 뽑는 시험을 치러갔는데,
17명을 뽑는다는 그 시험에 1번부터 시작한 시험번호 중에서
내 시험번호는 532번. 내 뒤로도 얼마나 더 있었는지 모른다.
이 첫 시험에서 미역국을 마셨다.

그 다음해인 1999년도에 초등학교에 교대 출신 선생님이 모자라서
중등교사 자격을 가진 사람들도 초등학교 예체능전담 기간제교사로
시험을 치라는 공고가 났다고 아버지께서 신문을 가지고 오셨다.
11월 중등임용고사를 치기 전에 한번 쳐보자고 한 것이 그대로
내가 지금까지 초등교사로 일하게 되었다.
초등 기간제 교사로 들어와 교대에서 보수교육을 1년 받고, 임용
고사를 교대 졸업생들과 함께 쳐서 2001년 정식 초등교사가 되었다.

작가가 될 것이라고 생각하고 그림만 10년 이상 그리던 사람이 초등학교 담임 교사가 되니, 미술전담교사일 때와 담임교사일 때는 학생들과 대하는 것이 하늘과 땅 차이라는 것을 실감할 수 있었다.

2001년에는 보통 한 반에 45명의 학생들과 수업을 하게 되는데, 나 스스로가 자유롭기를 원하던 사람이 이 많은 학생들을 관리하고 통제하려니 안 맞는 옷을 입은 듯 어색하고 힘들었다.
2002년에 결혼을 하고 아이를 낳아 육아휴직을 하게 되었다.
2006년도에 처음 체육 교과전담교사가 되었다.
아이 둘을 키우고 학교에 나오려니, 정말 나이 든 신규가 된 것 같아서 담임교사가 된다는 것이 두려웠다. 복직하면서 교장선생님께 무슨 전담이라도 좋으니 전담교사로 일하고 싶다고 말씀드렸는데, 교장선생님은 체육전담교사를 하라고 하셨다.
그때는 초등학교에 실내체육관이 없었을 때라 봄, 여름, 가을, 겨울 모두 날이 맑으면 운동장, 흐리면 교실에서 수업을 해야 했다.
3월에 추운데 두꺼운 외투를 입고 학생들과 운동장을 뛰면서 시작한 체육전담교사를 2021년 또 하게 되었고, 경력도 7년째가 된다.

2007년 교장선생님께서 한참 운동장에 재생타이어와 인조잔디로 운동장 개선사업에 대해서 운동장에 살고 있는 내게 흙바닥 운동장이 좋은지, 앞에서 이야기한 운동장이 좋은지 여쭤 보셨다.
나는 운동장 개선을 하면 보기는 좋지만 여름에 아무래도 고무로 만든 운동장의 시설들이 녹거나 낡으면 학생들에게 냄새나 피부 등 건강에 좋지 않을 것 같다고 말씀드렸다.
교장 선생님께서는 "운동장에 살고 있는 사람이 아무래도 잘 알겠지." 하시며 운동장 개선사업을 신청하지 않으셨다.
오래 전에 은퇴하신 교장선생님이시지만 학생들을 사랑하시고

교사들의 의견을 충분히 들어주신 그 교장선생님은 존경하는 선생님으로 내 마음에 남아 있다.

10여 년이 훌쩍 지난 지금 생각하면 그때 운동장 개선사업을 했던 학교들은 재생타이어와 인조잔디가 낡고 암을 유발한다고 다시 걷어내는 사업을 하거나 보수공사를 계속해야했지만 흙바닥을 그대로 둔 우리 학교의 운동장은 아무런 보수공사나 대공사가 필요 없고 학생들이 대도시에서 그래도 유일하게 흙바닥을 느낄 수 있는 곳이 되었다. 공사라고 해봐야 운동회 때 학생들이 달리기를 할 수 있는 트랙을 나일론 끈으로 박는 정도뿐이다.
특히 우리학교는 지금 교장선생님께서 맨발걷기로 더 아이들이 자연과 친해지기를 바라셔서 운동장 수도를 개선하고, 운동장 모래를 때마다 소독하고 다시 뿌리기를 하여 운동장이 맨발걷기의 최적의 장소가 되었다.
집에서 학교를 오거나 학교에서 학원을 가더라도 자동차를 거의 이용하는 학생들이 유일하게 맨발로 걸을 수 있고 자연을 느낄 수 있는 흙바닥 운동장에서 1년간 일하면서 대도시 어디서 이런 자연을 느낄 수 있나 싶다. 씨름장, 멀리뛰기장은 운동장에서도 가장 흙과 모래가 많은 곳이다. 아이들이 다치지 않도록 씨름과 멀리뛰기 수업을 할 때면 항상 아침마다 삽으로 흙을 일구워 놓는다.
아이들이 씨름하고 멀리뛰기를 할 때 자신의 몸무게로 파인 흙의 자극과 온 몸에 흙을 묻히고 웃을 때 나는 정말 행복한 직업을 가지고 있구나 싶다.
자연과 가장 가까웠던 곳, 모든 배움의 첫 시작이었던 곳, 아이들이 잘 성장하기를 바랬던 어른들이 있던 곳으로 기억할 수 있었으면 좋겠다.

맨발마니아가 되고부터

박령희

2020년 봄, 학교에서 아이들의 모습을 보기 힘들었고
운동장에서 더 이상 아이들의 웃음소리가 들리지 않았다.
2021년 봄, 나는 새로운 학교로 발령을 받았다.
2020년 썰렁했던 학교생활……. 올 한 해는 또 어찌 보낼까?
그런데 여기저기서 아이들 목소리가 들리기 시작했다.
운동장에서도 아이들의 웃음소리가 들리기 시작했다.
새로운 학교에서는 운동장에서 봄처럼 화사한 아이들의
웃음소리가 들리기 시작했다. 그리고 그 웃는 아이들 속에
도움반 친구, 맨발마니아 맨발 천재가 있다.

우리 반 맨발마니아가 처음부터 맨발걷기를 좋아한 것은 아니다.
우리 반 친구들은 특성상 촉감에 예민한 경우가 많다.
맨발로 흙을 밟는다는 것은 생각조차 하지 못하는 경우가 많다.
우리 반 맨발마니아도 마찬가지였다. 어머니의 말씀으로는
모래놀이조차 싫어한다고 하셨다. 그런 아이가 담임 선생님을 따라
반 친구들과 함께 매일 맨발걷기를 하게 되었다.
처음 신발을 벗고 흙을 밟았을 때 움찔하며 깜짝 놀라는 반응을
보였다.

실무원 선생님의 도움으로 매일 조금씩 아이의 상황에 맞추어 맨발걷기를 시도했다. 하루, 이틀 지나면서 조금씩 적응하면서 맨발걷기를 즐기는 모습이 보였다. 그리고 지금은 맨발걷기하러 학교에 오는 아이가 되었다.
정말 맨발걷기 마니아가 된 것이다.

맨발걷기를 하면서 많은 변화들이 있었다.
우리 반 맨발마니아는 운동 신경이 부족했다.
걷는 것도 넘어질 것 같아 항상 조심스러웠다.
겁도 많아 미끄럼틀도 혼자 타지 못했다. 그러던 아이가 지금은 뛰어다니기도 하고 미끄럼틀도 혼자 타게 되었다.
매일 걸으면서 운동 신경이 좋아지고 도전 정신도 생겼다.
언어 표현도 마찬가지다. 자신의 의사를 간단한 단어로 표현하고 상대의 질문에 단답형으로만 답하던 아이였다.

"맨발걷기 재미있어요."
"친구들 맨발걷기하러 먼저 나갔어요."
"선생님 오신다."
"ㅇㅇ아, 같이 놀자." 등 문장으로 말하기 시작했고, 자신의 감정이나 상황, 자신이 하고 싶은 것에 대해 말하기 시작했다.
그리고 발음도 정확해지고 있다. 맨발걷기는 운동 신경 발달뿐만 아니라 뇌 신경 발달에도 도움이 되는 것 같다.

우리 반 친구가 맨발마니아가 된 것은 매일 아이들을 데리고 맨발걷기를 하시는 담임 선생님, 항상 옆에서 도와주시는 실무원 선생님 덕분이라고 생각한다.
그리고 또 한 분 교장선생님이 계신다. 교장선생님께서는 아이들이 맨발걷기할 때 항상 나오셔서 아이들과 함께 이야기도 나누고 달리기도 하신다.

아이들은 그 시간을 기다린다. 우리 맨발마니아도 마찬가지다. 교장선생님께서 우리 반 맨발마니아를 항상 챙기며 예뻐해 주신다. 다른 친구들도 자연스럽게 챙기고 함께 하려는 교장선생님께서 몸소 보여주시는 모습은 그 어떤 교육보다 효과적인 교육인 것 같다.

하루는 짧은 시간이라면 짧고, 긴 시간이라면 긴 시간이라고 할 수 있다. 이 시간 동안 우리 반 맨발마니아의 몸과 마음이 쑥쑥 자라고 있다.

5

타임머신 운동장

도전, 맨발걷기

구영환

새로운 경험은 두렵다.
신발과 양말을 벗고
맨발로 땅을 걷는다니.

두렵게 내 딛은 첫발
거친 흙과 모래에 어색함을 느낀다.

맨발로 거칠침없이 나아가는
흙과 모래는 다양한 자극을 준다.
날마다 새로운 자극을 주는
고마운 흙과 모래
그 느낌을 전해주는
고마운 내 발

어느덧 100일이 지나고
새로운 경험이 나에게
새 삶을 건네주었다.

맨발로 행복한 일상

신연숙

와!
야호!
교실에 폭탄이 터진다.

와글와글
타다다닥
아이들은 어느 새
맨발로 달린다.

조롱조롱 개나리 꽃밭에
종종종 노랑 병아리가
재잘재잘 쉴 새 없이 종알거린다.

한 바퀴 두 바퀴
뻥 뚫린 가슴
졸졸 샘물처럼 맑은 머리로
아쉬움 가득 안고 마무리한다.

맨발걷기는
뿜뿜 에너자이저
웃음 넘치는
행복 상담소이다.

타임머신 운동장

이정안

학교 종이 땡땡땡
야호! 운동장에
아이들보다 함성이 먼저!

쭈~ 쭉 걷다가
냅다 운동장 가로지르기
모르겠다 운동장 한 바퀴
나도 운동장 한 바퀴

천만리 머~언
땅속의 속삭임을 듣다가
사뿐사뿐 귀기울이다가
폴짝 뛰어 와서 팔짱 낀다.

운동장 돌다가 돌다가
속닥속닥 하하호호
행복 속으로 빠져 보고
운동장 돌다가 돌다가!

조잘조잘 재잘재잘
열한 살 유진이도 되어 보고

운동장을 또 한 바퀴 돌다가
"병아리 떼 뿅뿅뿅 봄나들이 갑니다!♬"
노래도 불러 보고
운동장을 돌다가 돌다가
타임머신 운동장에 올라탔네.

'선생님 발령이 나서
우리 손녀, 장조림해주어야지'
바람결에 들려오는
할머니 목소리!
울컥!
눈물을 바람에게 숨겼네.

뱅뱅 뱅뱅
구름 사이로 보이는 할머니 얼굴
스무 살 나랑 같이 또 같이
타임머신 운동장 돌다가 돌다가……

나를 잊고 살아가기

박은영

젊었을 때 내 속엔 내가 가득했다.
가끔은 생각이 너무 많아서
잠들지 못해 우울했던 나날들이 연속되기도 했다.

아이가 생기고 어느 순간
나 자신이 지워지기 시작했다.
하루하루 내 생각할 틈이 없었다.

학교에서는 하루에도 수십 번씩
"선생님, 선생님"
지친 몸을 이끌고 퇴근하면 쉴 틈 없이
"엄마, 엄마"

그 엄마 소리가 너무 좋아서
하루하루를 더 아이로 채워갔고
아이가 커가는 모습이 너무 신기해서
내 나이 먹는 것 조차 잊기 시작했다.

아이는 어느덧 사춘기고
문득 멈춰서 돌아보니
예전의 내 모습은 어디로 갔는지?

아가씨 때는 나도
예쁘게 꾸미고, 쇼핑하는 것도 좋아했는데
지금은 편한 옷 몇 벌 돌려 입는
아줌마가 되었다.

나를 잊고 살았던 그 시간들이
행복했다고 생각했는데
괜히 되돌아보니 눈물이 흐른다.

온통 나였을 때의 내가
그립지 않다고 생각했는데
가끔은 그리웠던가보다.

우리 아빠

김화정

1
아빠는
키가
크고

얼굴이
하얗고

말이
없었다.

2
여섯 식구 먹을 쌀이 없는데
신문이랑 내 동화책을 사주셨다.
전학 와서 멀어진 국민학교를
매일 자전거로 실어주셨다.
아빠는 말이 없고,
웃음도 없었고, 그리고 가난했다.

야간 자습 끝나고
차장이 밀어넣어 터질 것 같았던
버스에서 내리면
아빠 손이 무거운 내 가방을 들고
저만치 앞서 가셨다.
나도 말없는 딸이었나 보다.

밤 사이 전화가 온다.
누구고?
왜 안 오노,
어서 온나.
늘 똑같은 말하는 아빠

3
이제 내가 아빠 나이를 넘었다.
저 외로움과 잃어가는
기억의 가방을
내가 채워줄 수 있으면…….

내 이름은 홍길순

배수진

아침이면 꾸벅꾸벅
버스에서 졸던 시간은
조용히 떠나 보내고만 시간을
고민해서 선택한 너
가고 싶은 곳은 어디라도
함께 가자고 약속했건만

우리가 반갑게 만날 수 있는 날은
남편이 허락한 주말뿐
남편은 무서운 조교

오늘은 이래서 내일은 저래서
이유도 많고 탈도 많아
절대로 가르쳐주지 않는 주차

혼자서는 절대로 널 만날 수 없어
나는 오늘도 너를 내 차라 부르지 못하고
멀리서 물끄러미 바라만 본다.

나를 속인다

김래연

맛있는 음식 앞에 두고
'오늘만 많이 먹는 건 괜찮아'라고
나를 속인다.
운동하기가 싫어
'오늘은 안해도 괜찮을 거야'라고
나를 속인다.
일을 하다가 실수를 하고는
'다른 사람은 모를테니 그냥 넘어갈까'
나를 속인다.

우리반 아이들에게 화가 나도
좀 더 부드럽게 대해야지 결심했다가도
규칙을 지키지 않는 아이들 다그치면서
'이번만은 괜찮을 거야'라고
이젠 '잘 할 수 있을 거야'라고
나를 응원한다.

시간의 틈 사이로

김여정

밤 1시와 2시 사이
밤 1시와 2시의 공상의 틈 사이로
새벽 1시 나도 지새워봐서 안다.
무언가 몰두하다 들이닥친
새벽 1시 말고
이런저런 생각으로
이런저런 생각 때문에
낮잠을 너무 잤나로
커피를 몇 시에 마셨더라로
시작한 생각은 나를
10살로
20살로
작년으로도
30살로도
40살로도
50살로도 데려간다.
그러다 나도 모르게
깊은 잠에 푹 빠졌다가

아침이 돼서는
무슨 꿈을 꿨더라.
출근 준비로 바쁘다.

두 눈 멀뚱멀뚱 뜨고

장선희

까만 밤
고요한 밤
잠이 오지 않는 밤

자고 싶다.
자야 한다.
나에게 계속 속삭여보지만
잠자는 것만큼 쉬운 일도 없다는데
그 일도 제대로 할 수 없어
두 눈만 멀뚱멀뚱 뜨고 있다.

1시
2시
3시
.
.
.

새벽이 밝아 온다.
잔 걸까?
자지 않은 걸까?
잔 것도 자지 않은 것도 아닌
나의 밤이 조용히 지나갔다.

제대로 잘 자는 것은
결코 쉬운 일이 아닌가 보다.

기도

김경미

길고 짧음이 있어도
마음 더 가는 눈길이 있어도
외면하며 고개 숙이고
하늘 높이 있는 당신에게
두 손을 모읍니다.

애간장이 끓어도
가슴에 불덩이가 앉아 있어도
두 눈을 질끈 감고
평안함을 위장하며
두 손을 모읍니다.

아무것도 할 수 없음에
먼 허공을 바라보다
마음을 흔들어
제자리에 다시 앉혀놓고
두 손을 모읍니다.

가을 햇살이 쏟아지는 산등성이를
다리를 절룩거리며 한 계단
가쁜 숨을 몰아쉬며 한 계단
등줄기의 땀을 잠재우며 한 계단
천천히 한 발자국씩 걸음 떼며
시린 가슴을 움켜잡으며
두 손 모읍니다.

당신을 향하여
두 손 모읍니다.
행복합니다.

6

새똥 줍는 마음

땅의 숨결

김연정

발가락 사이로 들어오는 모래를 한 걸음 걷는 데도 까치발을 하고서 간신히 한 걸음을 옮긴다. 하늘을 보며 애써 땅에서 느껴지는 아픔을 뒤로 하고 걷다 보면 어느새 발은 땅의 숨결을 고르고 있다.

발에 귀를 갖다 대보면 땅의 숨결이 느껴진다. 지구 저 깊숙이 들려오는 옛 조상의 소리부터 하루 종일 운동장을 가득 메우고 있는 아이들의 함성 소리! 그 모든 소리들을 담아서 소리 없는 아우성으로 땅은 두근거린다.

복된 마을을 떠나면서 땅은 땅과 연결되어 있음으로 이 떠남을 아쉬워하지 않으리라. 땅 너의 숨결을 발에 오래도록 간직하며 가는 곳곳마다 너의 숨결을 느껴보리라. 땅의 숨결이 머무는 곳! 떠남은 또 다른 만남의 시작이다.

행복한 맨발걷기

김래연

복현초등학교로 새로 전입하면서 맨발걷기를 처음 접했다.
맨발걷기는 TV에서 볼 수 있는 조금은 특별한 사람들이 하는
거라고 생각했었는데 전교생과 선생님들이 모두 참여한다는
사실이 참 놀라웠다.
4월 처음으로 맨발걷기하던 날 아이들은 호기심이
가득한 눈으로 기대하는 모습을 보였다.
조금 아프다고 하는 아이들도 있고, 간지럽다고 하는
아이들도 있었다.
잠시 후 모든 아이들 얼굴에 웃음꽃이 피어 있었다.

며칠 맨발걷기를 하고 나니 아침에 학교 오면 아이들은
"맨발걷기 언제해요?"라며 수시로 나를 귀찮게 했다.
"수업 열심히 하면 나간다."고 아이들을 달래면서
맨발걷기 나갈 시간을 기다렸다.
특히 비가 온 후에 맨발걷기를 하면서 아이들이
"선생님, 땅이 푹신푹신해요. 발을 디딜 때 부드러워서
기분이 좋아요."하며 행복해했다.

1학기 동안 아이들은 맨발로 함께 걸으며 친구들과
더 친해지고 학교에 잘 적응할 수 있었다.
맨발걷기를 시작하면서 혹시 아이들이 힘들어하거나 싫어하면
어떻게하지라는 내 생각은 완전히 틀렸다.
아이들은 늘 맨발걷기를 좋아하고 맨발걷기를 하면서 행복해했다.

더불어 나도 아이들과 웃으며 걸을 수 있는 이 시간이 참 좋았다.
2학기에도 예쁜 아이들과 맨발걷기를 하며 즐겁게 학교 생활을
시작해야겠다.

새똥 줍는 아침

이연주

2021년 휴직을 마치고 돌아온 초등학교는 좀 변해 있었다.
코로나19가 아직도 위력을 떨치고 있는 때에 어린 학생들은
마스크를 쓰고 등교하고 수업을 하였다.
아이들은 칸막이 안에서 이야기도 하지 못하고 밥만 먹었다.
교실과 복도에서도 친구들과 삼삼오오 이야기하지도 못했고,
수업만 듣고 하교하였다.
아이들은 체육을 하면서도 마스크를 벗지 못하였다.
선생님의 입 모양을 보지 못하니 선생님의 말도
잘 알아듣지 못했다.

한 집안의 귀한 자식인 어린이가 초등학교 학생이 되어 선생님과 친구들을 만났다. 학교라는 공적인 사회에서 사람과 사람 사이에서 어떻게 행동해야 하는지, 어떤 생각을 가지고 살아야 하는지를 배운다. 학교는 장차 사회에 나가서 한 사람의 시민으로 살 수 있는 기초적인 능력을 길러주는 곳이다.
그래서 우리 학생들이 지적인 성장과 마음의 성장, 그리고 몸의 성장도 균형을 이룰 수 있도록 하는 곳이 초등학교가 아니겠는가.
또, 삐아제가 말한 '구체적 조작기'의 우리 초등학생들은 몸의

경험을 많이 해서 추상적 사고로 나아가야 하는 단계인데, 코로나19로 몸의 경험을 많이 차단당하고 있는 것이 아닌가하는 생각이 든다.

그러나, 다행히 우리 복현초는 교장선생님을 비롯한 담임선생님들께서 학원을 가도, 가족들과 놀러가도 차를 이용하여 평소에도 거의 걸을 일이 없는 우리 학생들에게 매일 아침 맨발걷기를 하고 있다.
매일 아침, 매주할 수 있도록 프로그램을 짜서 적어도 1주일에 1시간 이상, 매일 나오면 5시간 이상을 걸을 수 있도록 하였고, 학생들이 전염병이 창궐한 시기에서도 학교에 와서 모래땅인 운동장을 걸으며 건강하게 잘 지낼 수 있도록 하였다.
교장선생님께서는 새 모래와 소금 등으로 깨끗이 소독하여 맨발걷기 환경을 만들고, 외부인과 애완동물의 출입을 막아 아이들이 안심하고 맨발걷기를 하도록 많은 신경을 썼다.

복현초에는 선생님들의 맨발동아리 '새똥쌤'이 있다.
아이들이 등교하기 전에 운동장을 맨발걷기를 하다보면, 가끔 비둘기와 새벽에 개를 운동시킨 흔적을 발견하기도 한다.
새벽에 오는 분들과 날아다니는 새들을 막을 방법은 없지만, 선생님들과 운동장을 돌면서 아이들의 발이 아플 것 같아 돌도 줍고 새똥과 개똥도 줍는다.
하루 빨리 코로나19가 잦아들고, 우리 아이들과 함께 깨끗한 모래 운동장에서 마스크 없이 마음껏 뛰어다니는 그날을 기다려 본다.

새싹들의 발을 자연 속으로

김경미

교사는 운동장에서 맨발로 여러 가지 활동을 했다.
"선생님~ 발바닥 아프지 않으세요? 따가울텐에~"
선생님이 발이 아프겠다고 난리가 났다. 그래도 묵묵히
지금까지 해 온 것과 더불어 내 발을 해방시켜 주리라.
맨발걷기는 발맛사지 효과와 더불어 체온을 상승시켜 주는데
1학년 앞이라고 그만 둘 수는 없었다.

한 달 후쯤 우리 반 아이들도 맨발걷기를 하겠다고 아우성이었다.
그래도 나는 못들은 척 했다. 맨발걷기에 대한 극대화를 위하여,
그리고 너희들이 더 많이 하고 싶을 때까지기다리고 또 기다렸다.
나는 속으로 초등학교 새내기들이 해도 될까? 보호자들은
맨발걷기에 대한 기본지식이 없기에 당황하고 발에 상처를 입을까
걱정이 많을 것 같아서 '아니야, 아직도 1학년은 안돼.'하고
참고 또 참았다.

"3~4학년에 형이 있어서 작년에 걸어봤어요."
"우리 엄마, 아빠도 맨발걷기 해요. 우리도 하고 싶어요."
"그래 그렇게 해보고 싶어?"

"그럼 하고 싶고 부모님께 허락받은 친구들만 해요."

나는 맨발걷기를 4년 정도 했기에 용기를 내었다.
맨발걷기 첫날 혹시나 아이들이 다칠까봐 걱정을 했는데 기우였다.
자연 속에서 아름다운 성품이 생겨 나듯이 스스로 지렁이, 개미 등
땅에서 보이는 생물들을 아끼며 자신의 발을 해방시켰다.
운동장에서 모든 활동을 맨발로 하면서 모래성도 쌓고 개미집,
놀이동산 등을 만들며 친구들과 협력하며 창의성이 쑥쑥
자라고 있다.

"기분이 상쾌해요, 신나면서 좋아요, 모래가 따뜻해요, 너무
재미있어요, 발에 흙이 밟히는 느낌이 너무 좋아요, 폭신폭신한
흙이 내 발을 감싸요, 마음도 밝아져요, 머리도 시원하고 재미있고
맑아져요, 몸도 마음도 신나요" 등 다양한 맨발 소감이 쏟아졌다.

비오는 날이나 비가 온 후는
"폭신폭신한 것이 천국 같아요. 발가락 사이로 흙이 쏙쏙
올라오는 것이 갯벌 같고 바다 같아요. 초코렛탕을 친구들과
신나게 뛰어서 마음이 후련해요."

흙과 모래, 바람과 햇살 속에서 쑥쑥 자라는 아이들,
맨발걷기를 한 후에는 공부가 재미있고, 집중이 잘 된다고 하는
1학년 꼬맹이들. 우리는 아이들을 교실 속에 가두지 말고,
자연 바람과 햇살 속의 하늘 아래에서 키워야 할 것 같다.

운동장에서 멋진 추억을 쌓아요

김애란

사르륵 사르륵
모래가 발을 간지럽히는 것 같아요.

첨벙첨벙
갯벌 위를 걷는 것 같아요.

간질간질
엄마가 내 발을 맛사지 하는 것 같아요.

우리 반 아이들의 맨발걷기 소감들이다.

비가 오면 비가 오는 대로, 날씨가 맑은 날은 맑아서
더 좋은 기분으로 아이들과 맨발걷기로 아침생활을 시작한지
벌써 여러 달이 지나고 있다.
처음에는 발바닥이 아프다며 운동화를 신던 아이, 저만치
뒤쳐져서 간신히 따라 오던 아이들이 이제는
먼저 운동장에 나가자고 아우성을 지르는 모습이다.

수업 시간 말 한 마디 없던
우리 반 영○이와 다○이는 2학기 들어 제법 재잘재잘,
종알종알 이야기도 많아지고 밝아졌다.
수업 시간 잠시도 가만히 앉아 있지 못하던 규○이와 은○도
제법 집중하는 모습을 보인다.
모두가 맨발걷기의 힘이 아닐까 싶다.

운동장에서 흙만으로,
모래만으로 시간을 즐겁게 보낼 줄 아는 우리 아이들!
우리의 어린 시절처럼 먼 훗날 멋진 추억들을
한 가득 차곡차곡 쌓아가는 우리 아이들!
나 또한 아이들과 맨발걷기를 하면서 아이들에게서,
운동장에서 오늘 하루도 긍정 에너지를 듬뿍 받는다.
맨발걷기를 하지 않았다면 느껴 보지 못했을 큰 행복들이다.

아이들과 함께라서 우리는 더 행복하다.

도심 속에서 자연과 함께 놀다

천순희

“애 아빠가 코로나 검사를 해놓은 상태라서 오전중으로 결과가 나온다고 하는데 음성결과가 나오면 학교에 애 보내면 되지요?”라고 학부모님의 전화가 왔다.
나는 “ㅇㅇ가 오고 싶어 하나요?”라고 물으니 “맨발걷기하고 싶어서 학교에 너무 가고 싶어 한다.”고 하셨다.

1학년 아이들을 데리고 맨발걷기 한 후 반응이 어떨까?
궁금했는데 의외로 아이들이 너무 좋아하였다.
발이 아플까 봐 걱정했는데 아이들이 맨발로 흙을 밟는 것을 너무 재미있어 하였다. 처음에는 겁이 나서 신발을 신고하던 아이들도 몇 일 뒤에는 신발을 모두 벗게 되었다. 특히 비 오고 난 뒤에 촉촉하고 폭신한 땅을 발로 느끼게 해 주고 싶어서 아이들과 함께 운동장으로 나왔다.
실내화를 벗고 맨발로 땅을 밟아보게 했더니 아이들이 함성을 지르며 “선생님 땅이 촉촉하고 시원해요, 스펀치처럼 폭신하고 느낌이 좋아요, 맑은 날에는 발이 좀 아팠는데 비 오고 나니까 발이 아프지 않아요, 신기해요.” 등의 반응을 보였다.
그 뒤로 비 오고 나면 운동장에 가서 맨발걷기하자고 조른다.

1학년 담임을 하다보면 돌발 상황을 많이 만나게 된다.
갑자기 집에 가겠다고 떼쓰는 아이, 학교 안 오겠다고 우는
아이 등. 하지만 올해 아이들은 맨발걷기를 하고 싶다면서
학교에 오고 싶어한다고 하여서 마음이 많이 놓였다.
1학년이라 그냥 걷기만 하면 지루할 것 같아서 풍선을 만들어서
맨발로 걸으면서 던지도록 하였고, 맨발로 흙 위에서
소꿉놀이도 하고, 모래쌓기, 공놀이, 종이비행기 날리기 등
다양한 도구를 가지고 놀게 했더니 더 흥미를 가지고 참여하였다.
서로 친하지 않는 아이들도 맨발로 공을 주고 받으면서 협력하는
모습을 보면서 자연의 힘을 깨닫게 되었다.
국어시간에 그림일기 쓰기를 배우고 난 뒤에 아이들에게 가장
기억에 남고 재미있었던 일을 그림으로 그리고 써보라고 했더니
맨발걷기하는 모습을 그리고 글로 쓰는 아이들이 많았다.
우리 학교는 주변이 모두 아파트로 둘러져 있어 평소에는
자연을 접할 기회가 많지 않은데 학교 시책으로 맨발걷기를 할 수
있어서 학생들이 학교에서 편안한 마음으로 자연을 느끼며
아름다운 정서를 가꿀 수 있게 되었다. 더불어 교과공부도
더욱 집중할 수 있고 창의력도 키울 수 있는 계기가 된 것 같다.

몇 년 전부터 학교 운동장에 흙이 사라지고 인공잔디로 채우는
학교가 많아졌다. 외관상 보기에는 인공잔디가 더 아름다워 보였지만
그로 인해 사고도 많이 나고 , 자연을 접할 기회가 점점 줄어들게
되었다. 요즘 맞벌이 부부도 많이 늘고 있고, 아파트 생활을 하다보니
아이들이 자연의 숨결을 느낄 수 있는 기회가 별로 없는데
배움의 중심에 있는 학교에서 맨발로 흙 위를 걸으며 친구들,
선생님과 함께 자연과 함께 놀 수 있다는 것이 참 행복하다.

어떻게 잘 살지?

구영환

2021년은 나에게 변화가 아주 많은 해이다.
그렇기에 그 전부터 걱정이 많았고 올해를 잘 헤쳐 나가기를
간절히 바랬다. 코로나19로 인한 불안정함의 연속,
둘째 아이의 유치원 입학, 그리고 나의 새로운 학교로의 전보가
한꺼번에 이루어지기에 맞벌이 가족인 우리는 바짝 긴장해야만 했다.
첫째 아이는 학교에 문제없이 등교만 할 수 있다면 더 바랄 것도
없었다. 다행히도 교사는 학교를 이동할 때 아이가 병설 유치원에
다니면 해당 학교에 우선 전보가 가능하다. 그래서 우리는
둘째 아이를 병설유치원에 지원하였고, 무사히 입학허가를
받게 되었다. 이제 둘째 아이를 등하교시키면서
나도 학교에 다니면 되겠다고 계획을 잘 세워둔 상황이었다.
그로부터 몇 달 뒤 전보 결과가 나왔다.

'복현초등학교—구영환'
그 결과를 보는 순간 머리가 띵해지고 '이게 뭐지?'하는
생각이 들었다. 나는 그 병설유치원이 있는 학교가 아닌 다른
곳으로 발령이 나 버린 것이다. 이렇게 해서 우리 가족의
2021년은 순탄하지 않은 시작이었다.

매일 아침 6시 기상. 부랴부랴 아침밥을 준비하여
둘째 아이를 깨워서 밥을 먹이고, 아직 자고 있는 첫째 아이에게
차려 놓은 밥을 먹고 시간 맞춰 나가라고 당부한 다음 출근을 한다.
둘째 아이와 같은 학교로 가지 못하는 상황이기에 차를 타고
아이 할머니에게 맡기고, 나의 직장으로 가는 하루 하루가
일상이 되고 있다. 전쟁 같은 아침의 시작과 학교 일과의 시작,
그리고 유치원 하원과 퇴근 후 가정 일. 사실 이렇게 정신없는
육아와 직장생활은 지금 나와 같은 또래의 직장인들은 모두가
똑같이 겪고 있는 일이라고 생각한다.
그리고 이 시기를 거쳐 간 수많은 인생 선배들은 사회로부터
요즘 같은 육아과 관련된 복지 혜택을 받지 못하였기에
더 힘든 상황도 많았을 것이다.

내가 올해부터 근무하게 되는 복현초등학교는 맨발걷기를
특색으로 운영하는 학교다. 나는 맨발걷기를 안내하고 운영하는
담당자 역할을 맡게 되었다.
올해 처음 온 학교라 여러 가지로 불편한 점이 있었고 업무도
맨발걷기 운영이라니 막막함이 느껴졌다. 나에게 주어진 업무에
대해서는 탈 없이 잘 해나가는 것이 도리라 생각하고 업무로써
맨발걷기 운영을 열심히 하였다. 그렇게 몇 달이 지나고
너무나 평범하면서도 정신없는 나날을 보내는 나에게 문득
'어떻게 살아야 좀 더 잘살까?'하는 생각이 들었다.
내가 졸업한 고등학교 교훈이 '잘살자'였다.
학교 교문에 들어서면 큰 바위에 '잘 살 자'라고 적혀 있다.
저게 뭔 교훈이야 했었는데……. 이제 와서 갑자기
그게 떠오르다니 잘살고 있지 않아서 그런가 보다 했다.
어느 따뜻한 날 오전에 수업 준비가 덜 되어서

우리 반 아이들에게 "지금 맨발걷기하러 나갈래?"라고 물었더니
다들 "네."하고 크게 소리치며 엄청 좋아 하였다.
따분한 국어 수업을 하느니 나가서 걷고 뛰는 것이 훨씬
아이들에게는 행복한 선택이었다. 평소와 같이 아이들과 넓은
운동장을 맨발로 걷고 있는데 그 날 따라 날씨가 너무 좋아서인지
기분이 너무 상쾌하고 발에 느껴지는 까슬한 감촉도 내 마음에
쏙 들었다. 그러면서 아. 이게 행복인가하는 생각이 갑자기 들었다.
아이들은 공부를 빼 먹어서인지 신이 나서 맨발로 걷고 뛰며 웃고,
나도 천천히 걸으며 이 순간을 만끽하고 있으니
이것이 행복이 아닐까 하는 생각이 들었다.
맨발걷기가 업무만이 아니라 내가 즐기면 어떨까하는
생각을 하게 되었다.

그 후로 우리 반은 매일 아침 등교하자마자 20분씩
맨발걷기를 하고 있다. 아이들은 매일 수업을 20분씩 덜하니까
신이 나서 나간다. 나도 아침에 가볍게 운동도 되고 걸으면서
이런저런 사색을 할 수 있어서 너무 좋다. 그렇게 꾸준하게
맨발걷기를 하면서 복현초등학교에 적응하고 아이와의 전쟁 같은
일상도 익숙해지면서 나의 몸과 마음은 학기 초보다 훨씬
편안함을 느끼게 되었다.
나는 잘 살고 있는지 지금 글을 쓰면서 다시 되묻고 있다.
사실 주변에서 잘 살고 있다니 잘 살고 있는 건 맞는 것 같은데
나 스스로는 잘 모르겠다. 하지만 살면서 순간에 느꼈던 그
행복함과 따뜻한 감정을 자주 느낄 수만 있다면,
내가 잘 살고 있다는 확신이 들 것 같다.

나는 오늘도 맨발로 걷는다

김여정

2019년 복현초등학교에서의 첫해에 운동장에서 맨발로
우리를 향해 함박웃음을 짓고 계신 이정안 교장선생님을 만났다.
나는 그저 건강에 좋다는 이야기를 듣고 맨발걷기를 시작했다.
맨발로 걷는 동안 운동장에서 만난 교장선생님은 언제나 활짝
웃으시며 우리를 맞이해 주셨다. 맨발걷기와 교장선생님의 웃는
얼굴이 연합이 되어서일까 맨발을 걷는 동안
그냥 기분이 좋았고 즐거웠다.

3월이라 쌀쌀했지만 맨발로 운동장에 있는데도 추위가
느껴지기보다 온기가 느껴지는 듯했다. 상담실에 오는 아이들과
어색함을 풀고 내가 느낀 맨발걷기의 즐거움을 함께 나누기 위해
"우리 운동장에 나가서 맨발걷기 할까?"라고 말하면 아이들은
아주 명쾌하고 큰 소리로 "네! 좋아요!"라고 대답했고,
우리는 즐겁게 운동장으로 향했다.
맨발걷기를 하며 아이들과 이런저런 이야기를 하고
수돗가에서 발을 깨끗이 씻고, 다시 상담실에 돌아왔다.
이것만 했을 뿐인데 상담에서 가장 중요하다고 말할 수 있는
긍정적인 관계가 자연스럽게 형성되었다.

아마 맨발걷기를 하는 동안 본인 이야기와 함께 공통분모인 맨발걷기에 관한 이야기를 나눌 수 있었기 때문일 것이다. 그 메커니즘은 정확히 알 수 없지만 맨발걷기는 상담 효과를 증진시켜 주었다.

아이들과 함께 맨발로 운동장을 나설 때의 그 왠지 모르는 설레임, 맨발걷기를 하는 중에 느껴지는 짜릿함과 가슴이 뻥 뚫리는 느낌, 발을 씻으며 아이들을 위해 수도 호스를 데어주며 느껴지는 행복감과 뜻깊음 등 맨발걷기는 맨발걷기 연수 시간에 권택환 교수님께 들은 대로 세로토닌을 마구마구 분출해 주었다.

그러고 나서 1년, 2년, 3년째 나는 우리학교 행복 바이러스이신 교장선생님과 그리고 아이들과 오늘도 맨발로 걷는다.